ド

パ！

杏耶

「丼」それは
一つの器で表現できる
食のアートである
米の上に広がる
無限の可能性
そしてここは
山形の一角・・・
モアイ県
カラッ
そのアートに魅了された
女がひとり・・・
お腹すいた
そう
「わたし」だ
なんもない。
エイヒレも
今消えた・・・
肉食いたい

これはご飯の上に
おかずをのせて美味しく
食べてるだけの
壮大なマンガである
冷蔵庫に残ってた
卵を
どぅるんっ
ホカホカ
レンチンして
あたためたご飯の上に
めんつゆと
ごま油をちろっと
たらり～～ん
パラパラ
味のりを
刻んでふりかける

卵かけご飯は この黄身を・・・
ぷちっと
潰すのが いいんだ~
とぽ~
これを まぜまぜ
フフ・・・
ふわっ
いただきまーす!
カパッ
はぁ~ うんま~
けど肉 食いたい

とろふわ卵かけご飯

卵　1個
めんつゆ　小2
ごま油　小1/2
味のり　1枚

TOROFUWA TAMAGOKAKE GOHAN

目次

DODONPA!
MOKUJI

Darenidemo "パ!"tto Dekiru
DON-MONO
Meikan

第1章
Dai Issyou

おなかいっぱい
食べた〜い!
満腹ガッツリメニュー

Onaka ippai
tabeta-i!
manpuku
gattsuri menu

◉1杯目

あまから肉団子丼

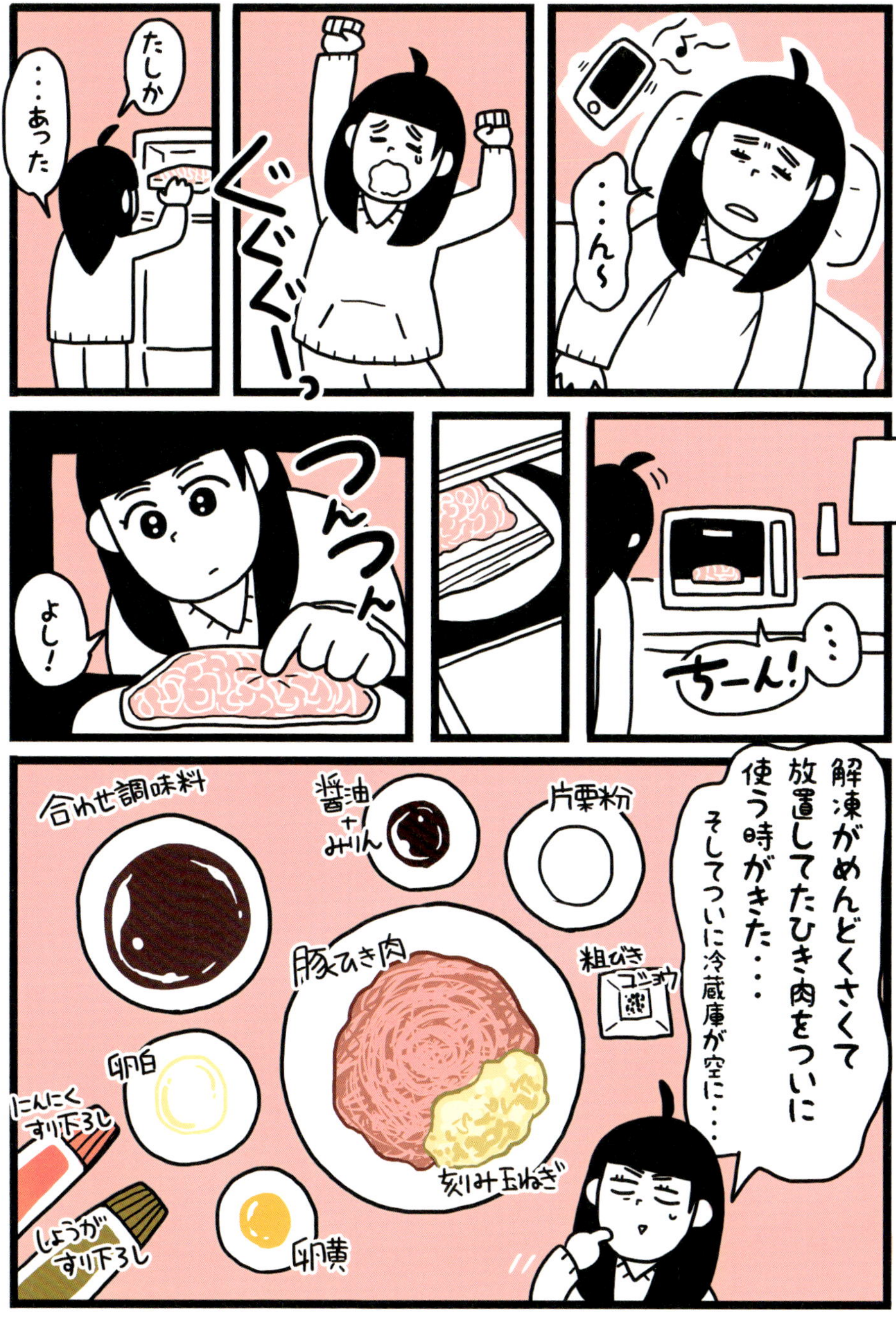

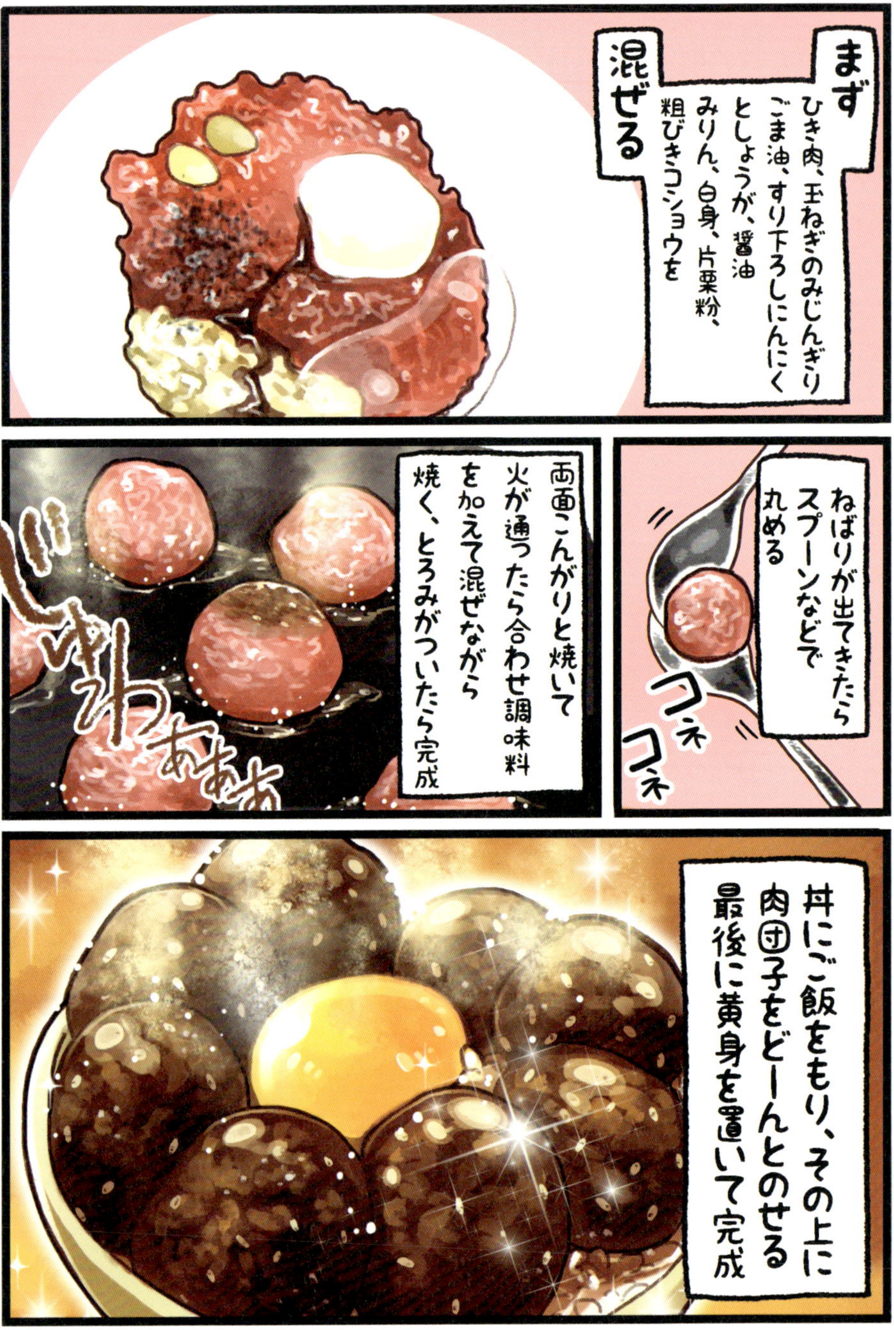
まず
ひき肉、玉ねぎのみじんぎり
ごま油、すり下ろしにんにく
としょうが、醤油
みりん、白身、片栗粉、
粗びきコショウを
混ぜる
ねばりが出てきたら
スプーンなどで
丸める
コネ
コネ
両面こんがりと焼いて
火が通ったら合わせ調味料
を加えて混ぜながら
焼く、とろみがついたら完成
じゅわあああ
丼にご飯をもり、その上に
肉団子をどーんとのせる
最後に黄身を置いて完成

パンッ
できた〜
いただきます！
甘辛のふわふわ
肉団子に黄身を
つけて食べるの
めちゃ幸せ…
んまっー
あー！
美味しい！
ビール飲みたい！
これが夜だったら
最高だなーー！
朝四時
ミートボールは
ケチャップ
肉団子は
甘辛醤油
中身同じなのに
なんで名前違うの？
そう思うのは
私だけ？

あまから肉団子丼

ひき肉　100g
たまねぎ　1/6個
ごま油　小1
すり下ろしにんにく　少々
すり下ろししょうが　少々
醤油　小1
みりん　小1
白身　1個分
片栗粉　大2
粗びきコショウ　少々

合わせ調味料
水　大2
酢　小1
ケチャップ　大1
砂糖　大1
醤油　大1
みりん　大1
片栗粉　小1

仕上げ
黄身　1個
白ごま　適量

AMAKARA NIKUDANNGO DON

ドンパ!

◉2杯目

トリプル親子丼

いえ〜い！激安卵ゲットー！
それもLLサイズ
って昨日違うスーパーですでに卵買ってた
でも卵好きだから嬉しい！
でもこれだけあるならトリプル親子丼が作れる！
鶏肉を油をひいたフライパンで焼き、塩ひとつまみふりかけ下味をつける
じゅうううっっ
鶏肉に火が通ったら合わせ出汁を入れ、一煮立ちさせる
ふつ
ふつ
ふつ
じゅわああんっっ

卵2個分を溶き入れる
とろ〜〜っ
ぷわぁぁぁっ
素早くかき混ぜる
ジャカ
ジャカカッ
完全に火が通る前に
火を止めて余熱で焼く
じゅううう〜〜っ

器にご飯を盛りつけ、卵をのせる
ホカ♥
ホカ♥
ふわっ
追い卵っ
プッ…
とろ
卵黄をのせて割る
刻み海苔や三つ葉などをのせて
完成！

やっぱり親子丼はスプーンだよね～
ふわ～ん
とろ～ん
このひとすくいで全ての旨味を味わえる
ん～鶏肉の旨味を吸ったふわふわとろとろ卵～
卵3個使ってこそのうまさ！
ビバ！
コレステロール
卵が好きなのは小さな頃ににわとりを飼ってて毎朝卵を食べて育ったからだと思う
コケッ
コケッ

トリプル親子丼

卵　2個
卵黄　1個
鶏もも　50g

ほんだし　小1/2
砂糖　小1
醤油　大1
みりん　大1
水　大2
三つ葉など　適量

TRIPLE OYAKO DON

豚キム丼

やる気がでねぇ…
皆無、消滅
1ミリも存在しない
でも迫る締め切り
やる
こんな時は
ガツン！
とした食事を
とるしかない
ムッ
クリ
何でも飯で解決しようとする人↑
そんな訳で
チゲ鍋で余った
こちらを活用
キムチの素
キムチの素
ジップロックに豚バラスライス
ニンニクの芽と塩コショウを
入れて揉み込む
生肉の
感触っていい
よね！
もーみ
もーみ
次にキムチのもとごま油
みりんを混ぜ合わせる
※キムチの素が無い場合
白菜キムチとごま油、めんつゆ
だけでも十分美味しい！

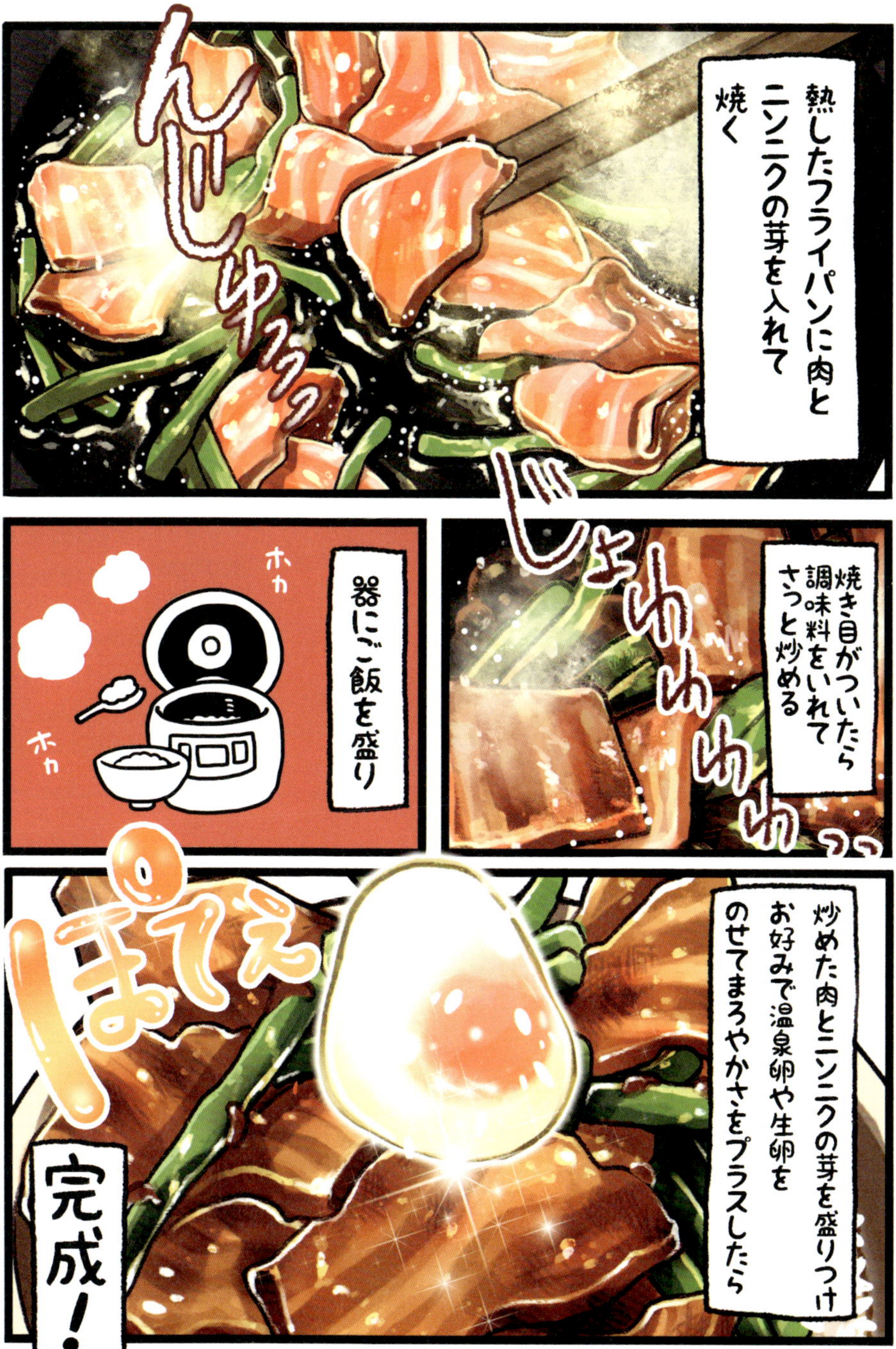
熱したフライパンに肉とニンニクの芽を入れて焼く
んじしゅゥゥゥ
焼き目がついたら調味料をいれてさっと炒める
じしょわわわわっっ
器にご飯を盛り
ホカ
ホカ
炒めた肉とニンニクの芽を盛りつけ
お好みで温泉卵や生卵を
のせてまろやかさをプラスしたら
ぽてぇ
完成！

んまぁ・・・
あぐっ
もぐ もぐ
このままでも美味しいけどラー油をちょろっと追加！
たらり〜んちょ
もぐっ
最高・・
キムチィィィ
近所に住んでた韓国の美人から激うまキムチを恵んでもらってた貧乏学生の私
あやチャン キムチ食べロヨ
食べる〜！
うまっ

豚キムチ丼

豚バラ　100g
ニンニクの芽 3本
キムチの素　小2
ごま油　数滴
みりん　小1
塩、コショウ　適量

キムチを使う場合
白菜キムチ　お好きなだけ
みりん　小1
めんつゆ　大1
醤油　小2

BUTAKIMU DON

角煮丼

豚バラブロックが安い!!!!!!
これで!
だっ!!
今日は!
だっ!!
角煮だ!
だぱぁぁ
豚バラを大きめに切る
豚バラは5センチより太めに切るのがオススメです、焼いたり煮たりすると結構小さくなります

油を引かないで
フライパンで全面焼く
じゃああああ
ここで
余分な油を落とします
焼いた豚バラを炊飯器に
入れて、そこにネギと
しょうが、水を入れて炊飯する
一度炊飯して終わったら
調味料を入れてもう一度
炊飯する
※炊飯器の中の水分が
なくなっていたら150cc追加で入れる
フライパンで作る場合は
油をふきとり、そこに
水とネギとしょうがを入れて
30分煮込み、その後に調味料を
いれてアルミホイルを落として
1時間くらい弱火で煮込む
煮汁がなくなってきたら完成！
くっ
くっ

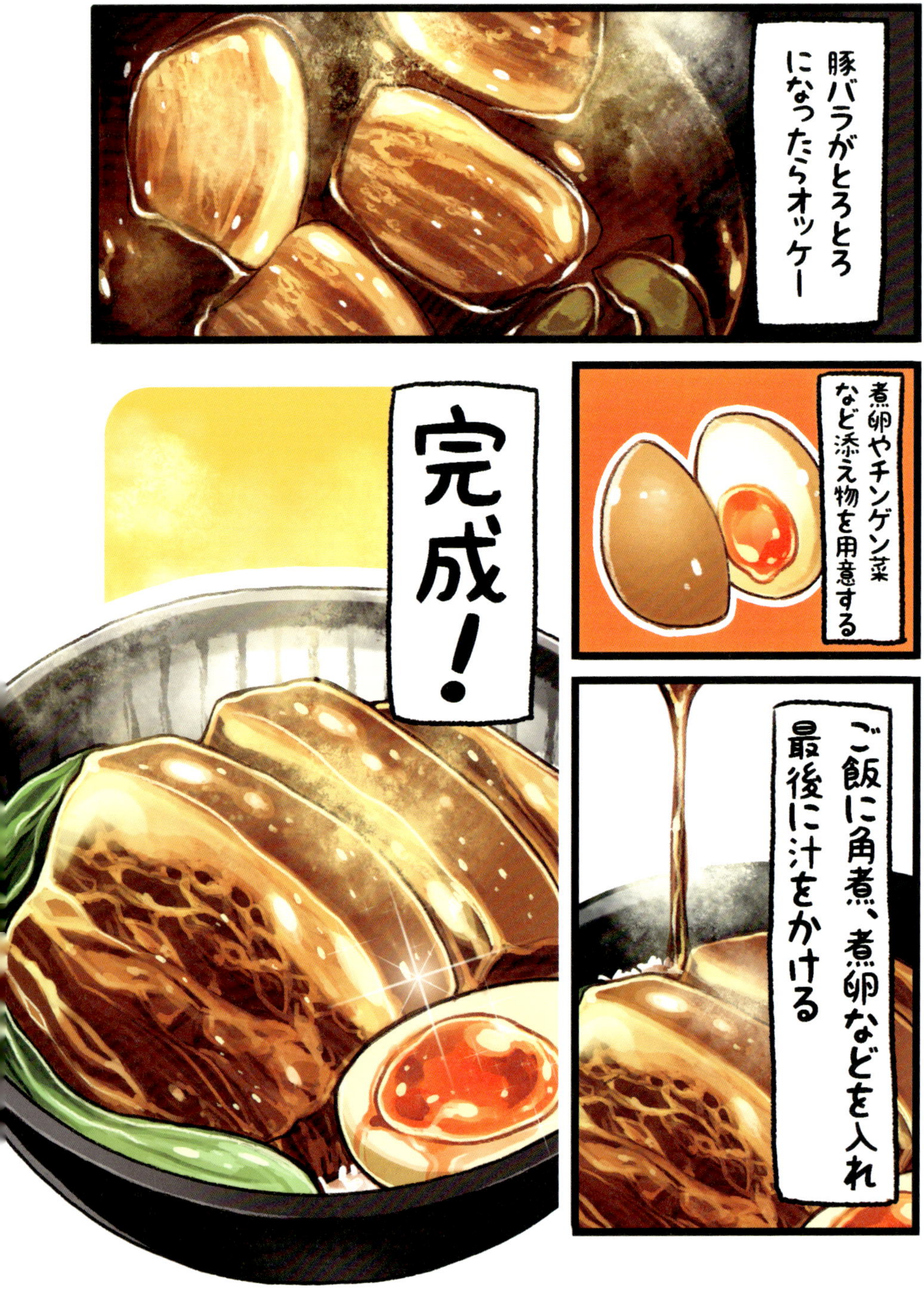
豚バラがとろとろになったらオッケー
煮卵やチンゲン菜など添え物を用意する
ご飯に角煮、煮卵などを入れ最後に汁をかける
完成！

ふわっ
ぷるんっ♥
ふわっと切れてとろとろ〜♥
もぐっ
んっ!!
んまいっっっ
もぐ
もぐ
もぐ
とろとろ角煮で米がススム〜
数年前、
圧力調理を炊飯器で出来ると知ったあの日
炊飯器で角煮が作れます〜
のめり
前
そ、そんなの毎日角煮パーティーじゃないか…

角煮丼

豚バラブロック　150g
ネギの青い部分　1本分
しょうがスライス　20g
(すり下ろしでも可)
水　250g
醤油　100cc
みりん　30g
砂糖　大2

KAKUNI DON

ドンパ!

◉5杯目

照りマヨ丼

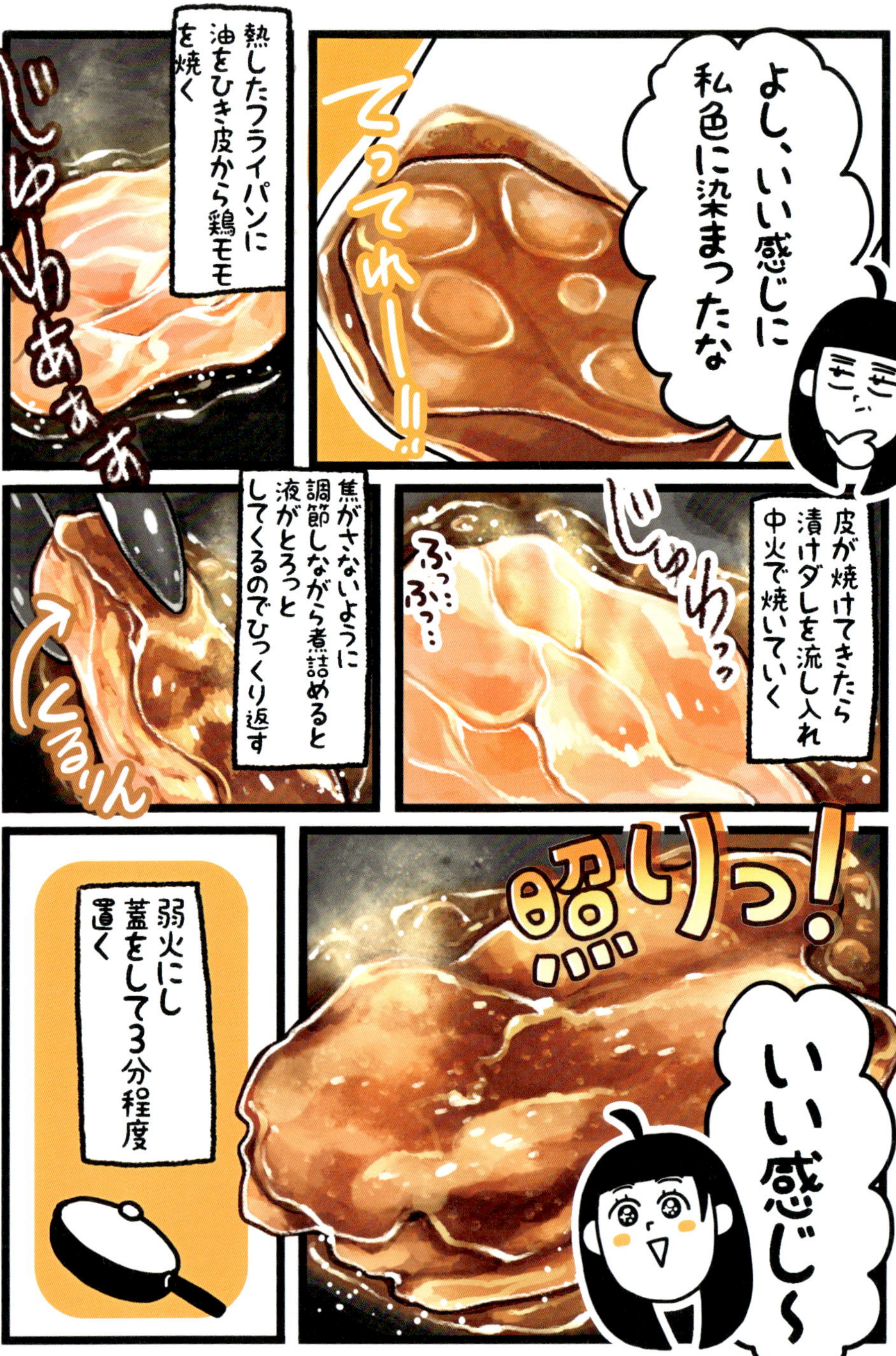
よし、いい感じに私色に染まったな
てってれー!!
熱したフライパンに油をひき皮から鶏モモを焼く
じゅわあああ
皮が焼けてきたら漬けダレを流し入れ中火で焼いていく
じゅわっっ
ふっ…ふっ…
焦がさないように調節しながら煮詰めると液がとろっとしてくるのでひっくり返す
くるりん
照りっ!
いい感じ〜
弱火にし蓋をして3分程度置く

水菜を切りご飯の上に盛る
水菜とかレタスとかは鶏肉と合うよね
肉汁
じゅわああんっ
肉を食べやすいサイズに切り
ご飯の上にのせマヨネーズをかけ
とろーん
完成！

ん～照り焼きの甘い香りが
食欲をそそるわ～
もぐっ
ただうまい゛
ただのマヨネーズにしたけどからしマヨでも良かったな～
しっかり食べて今日も頑張ろ！
パクパク
いつの間にか母の味に近づいてきた
この味・・・昔食べたな・・・
お弁当のつまみぐい禁止！
へべへ-!!

照りマヨ丼

鶏もも　200g
めんつゆ(3倍濃縮)　大4
みりん　大3
砂糖　大2
醤油　小1
すり下ろししょうが
ティースプーン1杯程度
マヨネーズ　適量
水菜　適量

TERIMAYO DON

何を隠そう
私は揚げ物が大の苦手
でも時々作り立てのカラっとした揚げ物食べたくなる時があるんだよね
つまり今です
※腹の音
いつもエプロンなんて使わないのに今日は気合い入れるためにつけちゃうぞ!
ドーン!!
でもやっぱり不安なんで揚げ焼きにしよう・・・失敗しない方法を選ぶ私・・・
えへ♡
鶏モモを食べやすいサイズに切る
醤油、マヨネーズ、下ろししょうが下ろしにんにくみりん、こしょうを入れて揉み込み30分置く
1晩漬け込んでもオッケー!

漬かったら片栗粉と小麦粉を入れて振る
フリフリ
粉が肉にまんべんなくついていたらオッケー!
そしてここがポイント!
こことここの間を素早くすると外がカリッとなります
フライパンに2センチくらいに油をひいて熱し箸の周りに気泡ができたら肉を入れる
パチ
パチ
肉を入れたら両面揚げ焼きにしていく
じゅあああっ
じゅううう
全体的にきつね色になったら取り出してキッチンペーパーで油をとる

キャベツを千切りにしてご飯の上にのせる
ザクッ!!
ザクッ
ついでに言うと私は百切りまたは十切りしかできましぇん
キャベツがのった丼に主役をドドドド丼！っとのせれば
完成！

カリッ
じゅわぁあん
このジューシーさ！マヨネーズの力なんだよね〜
もぐもぐ
もぐもぐ
にんにく入れたら美味しくなるけど
入れないでしょうがだけでも十分美味しくできるよ
ピコーン
このから揚げで親子丼とかもいいかも！
おにぎりにつめても美味しいよね〜
一人暮らしを始めた時に最初に作った料理はから揚げで大失敗した
なんで外は焦げてて中が生なんだよ！
IHのせいか？！
違う。

から揚げ丼

鶏もも　150g
醤油　大1
マヨネーズ　大2
みりん　小2
しょうがすり下ろし　小1
にんにくすり下ろし　小2
片栗粉、小麦粉　大2
コショウ　適量
キャベツ　適量

KARAAGE DON

ドパ!

◉7杯目

ローストビーフ丼

東京の行列のできるローストビーフ丼の〜
イチ…
ニ…
食べに行くには遠すぎる距離…
そうだ！自分で作ればいいんだ！
ドーン！
ブッ厚いローストビーフ丼作る！
グッ
牛ブロック全体をフォークで刺す
グサッ
グサッ
塩、こしょう、おろしにんにくをすり込むように塗り付け20分〜30分置く
ズリ
ズリ

フライパンに油をひき、牛肉に全面焼き目をつける
じゅううう
パチ
パチ
肉をアルミホイルでくるむ（二重に）その上からタオルを巻いて45分程度寝かせる
寝かせてる間に肉汁が残ってるフライパンでソースを作ろう！
みじん切りにした（すり下ろし可）たまねぎとすり下ろしにんにくを加えフライパンで透明になるまで熱する
ザク
ザク
透明になったら醤油とみりん、あらびきコショウ、レモン汁を汁がとろっとなるまで煮詰める
とろぉん

粗熱をとり触って固さを感じられる
ようになったら食べやすいサイズに
切る
じゅわああ…
野菜など盛りつけ
たまねぎソースを
かけたら
完成！

ぶ厚っっ!!
この厚みの肉は自分で作らなきゃなかなか食べれないよね〜
あーむっ!!
んまっ
肉のうまみがじゅわっと出てきてザ肉って感じ！これが食べたかった！
この玉ねぎソースがまたいいんだよね〜ご飯がすすむ〜

ローストビーフ丼

牛ブロック(もも)　150g
塩、こしょう　適量
すり下ろしにんにく(すり込む用)　小1
たまねぎ　1/4個
すり下ろしにんにく(ソース用)　小1
レモン汁　調節しながら
醤油　大2
みりん　大1
あらびきコショウ　適量

ROAST BEEF DON

Darenidemo "パ!"tto Dekiru
DON-MONO
Meikan

ドンパ!

第2章
Dai Ni syou

洗い物なんて したくな〜い! 楽ちんメニュー

Araimono nante
sitakuna-i!
rakuchin menu

◉8杯目

サーモンのブラックペッパー漬け丼

締め切り地獄から解放！
頑張った
わだちー
フード
センター
魚の
ということでなけなしの金で自分にご褒美だ～
そんなわけで買ったのがこちら！
たっぷり食べたいからサーモンはいつも1柵なんだよね～
お前をラードにしてやろっか？
サーモン閣下!!
サーモンを食べやすいサイズに切りめんつゆ、粗びきコショウ、柚子コショウを混ぜた液と大葉を千切りにしたものを混ぜ合わせる
このまま2時間から3時間漬け置く

今日は温泉卵をのせたいから温泉卵を作ろう！
卵を常温に戻して炊飯器に90度程度のお湯と共に入れて保温20分放置
次にアボカドを半分に切りタネをくり抜いて、角切りにしレモン汁をかけて変色をふせいでおく
アボカドをサーモンと一緒に漬けても美味しいよ！
2〜3時間後…
おお〜！
キラキラーン
輝くサーモンの
ABURA

器にご飯とサーモンをのせ
その上に温泉卵をおき
完成！
テリッテリッ
アボカドとサーモンを一緒にパクッと！
んまぁっ
柚子コショウがいいアクセントになってる～
もうずっと食べてられる
最高のご褒美だ～
スモークサーモンを初めて食べた時の衝撃
なななな！
なんだこれ！なんだー！？
後の飲んべえ確定の瞬間である

サーモンのブラックペッパー漬け丼

> サーモンをまぐろに代えても美味しいよ！

生食用サーモン　100g程度
アボカド　1/2個
大葉　5枚程度
ブラックペッパー　適量
（辛いのが苦手な方はなくても）
柚子こしょう　1センチ程度
めんつゆ（3倍濃縮）　浸かるほど
オリーブオイルorごま油　適量

SALMON NO BLACK PEPPER DUKE DON

◉9杯目

4色のネバトロ丼

・・・
・・・なんだか
胃がムカムカする・・・
動く気力と体力をじわじわと消すこのムカムカ・・・
ズズズ
これは身に覚えがあるぞ
ズリ…
ズリ…
そう・・・
胃もたれ

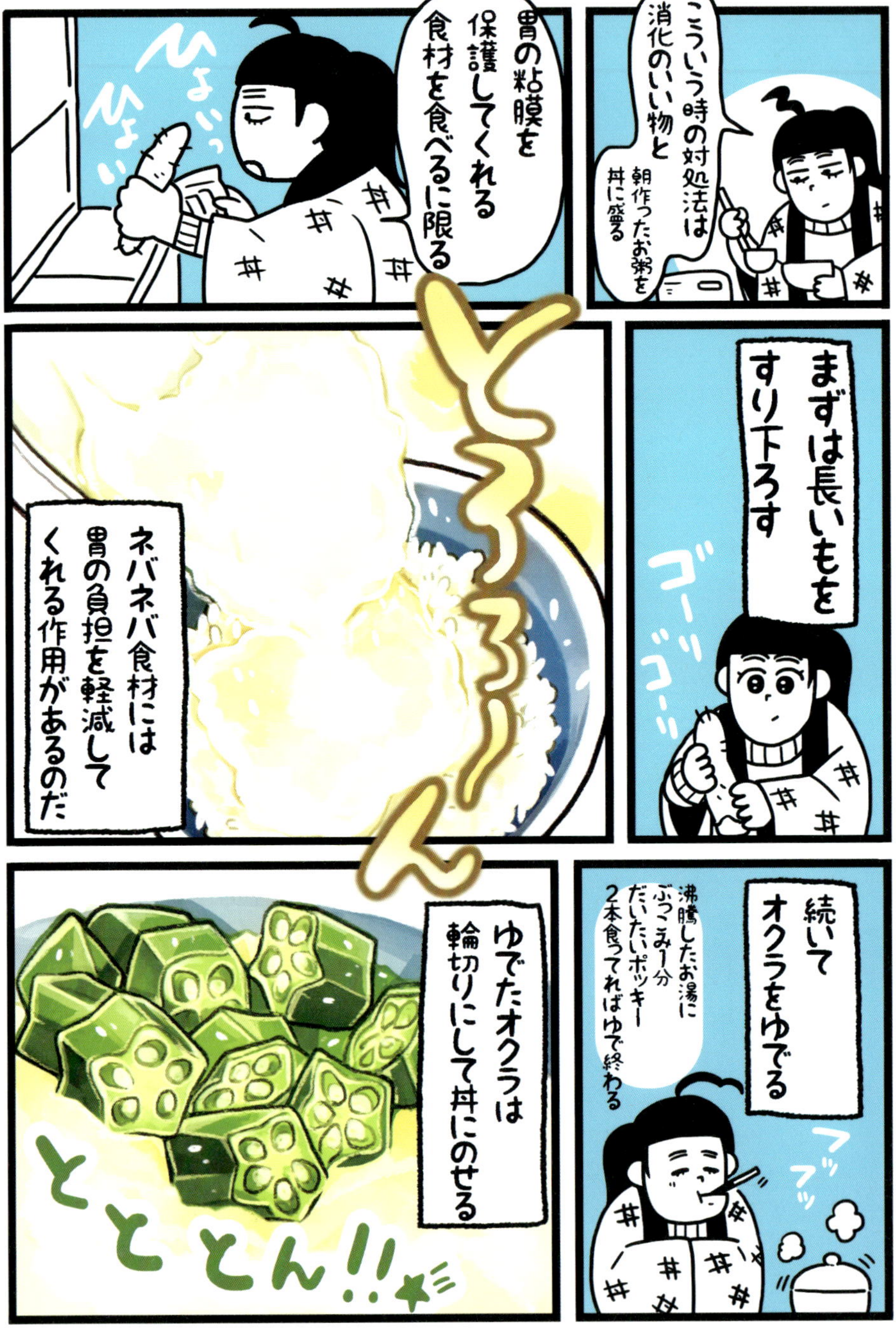
こういう時の対処法は
消化のいい物と
朝作ったお粥を
丼に盛る
胃の粘膜を
保護してくれる
食材を食べるに限る
ひょいっ
ひょい
まずは長いもを
すり下ろす
ゴーリ
ゴーリ
とろろ〜ん
ネバネバ食材には
胃の負担を軽減して
くれる作用があるのだ
続いて
オクラをゆでる
沸騰したお湯に
ぶっこみ1分
だいたいポッキー
2本食ってればゆで終わる
フッ
フッ
ゆでたオクラは
輪切りにして丼にのせる
とととん!!

ネバトロ丼には
かかせない納豆もカラシ
タレを入れて混ぜて
こちらも丼にのせる
そして
キュピーンッ
これがこの丼のポイント！
てってれーっ!!
なめたけだ！
味に深みがでて
アクセントになる

全ての食材を
のせて4色の
ネバトロ丼の完成〜
ねばぁ〜
とろ〜んっ
いつもは
キムチとかも
入れてるんだけど
今日はこれで・・
あーん・・
んまい・・
治った!
飲んだ次の日は
だいたい反省会
ふざけすぎた・・
記憶を一から十まで
しっかり覚えてる分
つらさが増す・・・

4色のネバトロ丼

長いも　5cmくらい
おくら　3本程度
納豆　1パック
なめたけ　スプーン1杯分
あおのり　適量
醤油などで味調節してください

4SYOKU NO NEBATORO DON

生肉が食べた〜い
体操
だるだる
ユッケにしバ刺し
牛刺し…
生肉を食べたくても
生肉なんて今手元に…
んー〜っ
生…
生ハム
カッ!!

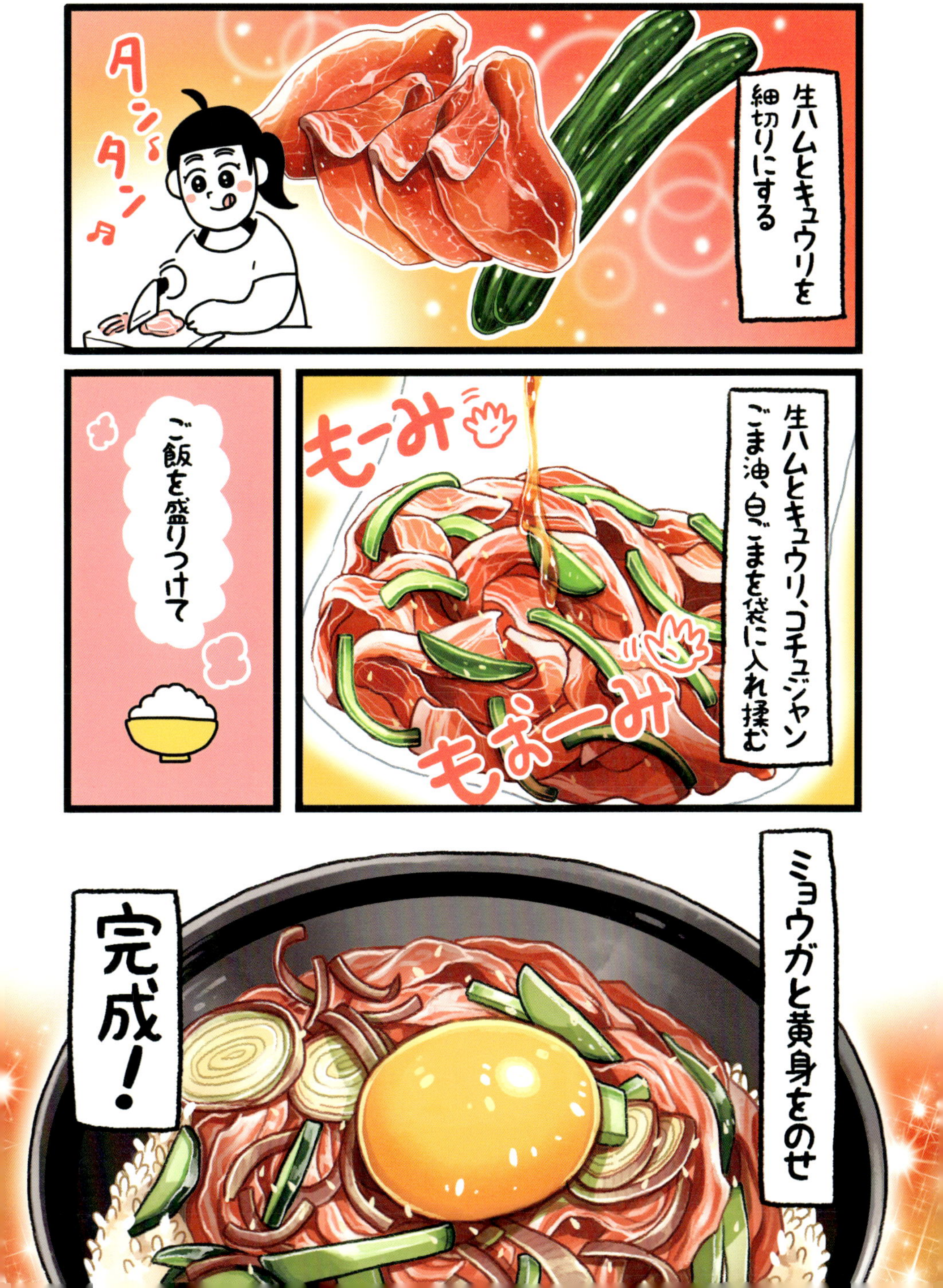
生ハムとキュウリを
細切りにする
タン タン
生ハムとキュウリ、コチュジャン
ごま油、白ごまを袋に入れ揉む
もーみ
もおーみ
ご飯を盛りつけて
ミョウガと黄身をのせ
完成!

そして今回はもう一品！
使うのは余った
この白身！
白身を泡立てそれを熱湯にいれる
箸で混ぜそこに中華スープの素と万能ネギを入れる
メレンゲが固まってきたら完成！
ふわっ
白身消費のメレンゲスープの出来上がり〜

黄身を潰し生ハムにつけて〜
とろぉん
パクッ
生肉〜(代理)
生ハムの塩っからさをまる〜くしてくれる黄身ちゃん…最高
パァアアァアア…
メレンゲスープは薄味にしたから口直しにもなるしいいな〜
ふわっ
ズズ…
丼にしても美味しいけど
米もいいが酒も良い！
つまみにもなるので是非お酒のお供に！

生ハムユッケ丼

生ハムは切らなくても
そのままでもオッケー!

生ハム　6枚くらい
キュウリ　1/3本
コチュジャン　チューブ1cm程度
ごま油　ティースプーン1杯程度
白ごま　適量
黄身　1つ
みょうが　1/2個

◉11杯目

鯖缶丼

ダルすぎ
台所まで動いて料理なんて無理
ぐるるっ
でも食べないという選択肢がない我が腹
ぐるるるっ
たしか〜この辺に
ん〜あ!あった〜
今回の主役は、お前だ、サバ缶
別名「激ウマ保存食王!!」
KING!
ペカー

盛ったご飯の上にサバ缶の液ごと入れ
その上に鰹節、海苔、青のり、塩昆布
ごま油を一回し、めんつゆも一回し
するだけ
そんだけ!完成!

サバを崩しながら
全体を混ぜ合わせて
食べるのだ〜
まぜまぜ
まぜまぜ
あーん
もぐんもぐん
んっ!!
この手軽さで
この旨さは最高〜

！
そして食べながら私は気づいた
ふぅ
2杯戦目!
カーーンッ!
サバの味噌煮缶でも試したいと
味噌煮サバ缶に溶かしバターを回しいれる
たらぁ〜
これも絶対うまいと思うんだ
あーーん
コッテリうまっ
んんんっ
どっちも美味しいよ〜サバ缶最高！

鯖缶丼

サバの水煮　1缶
かつおぶし　1袋(パック使用)
塩昆布　ひとつまみ
きざみのり　ひとつまみ
麺つゆ　小1
ごま油　小1
青のり　適量

サバの味噌煮　1缶
大葉　5枚
バター　大1

どっちのサバもうんま〜

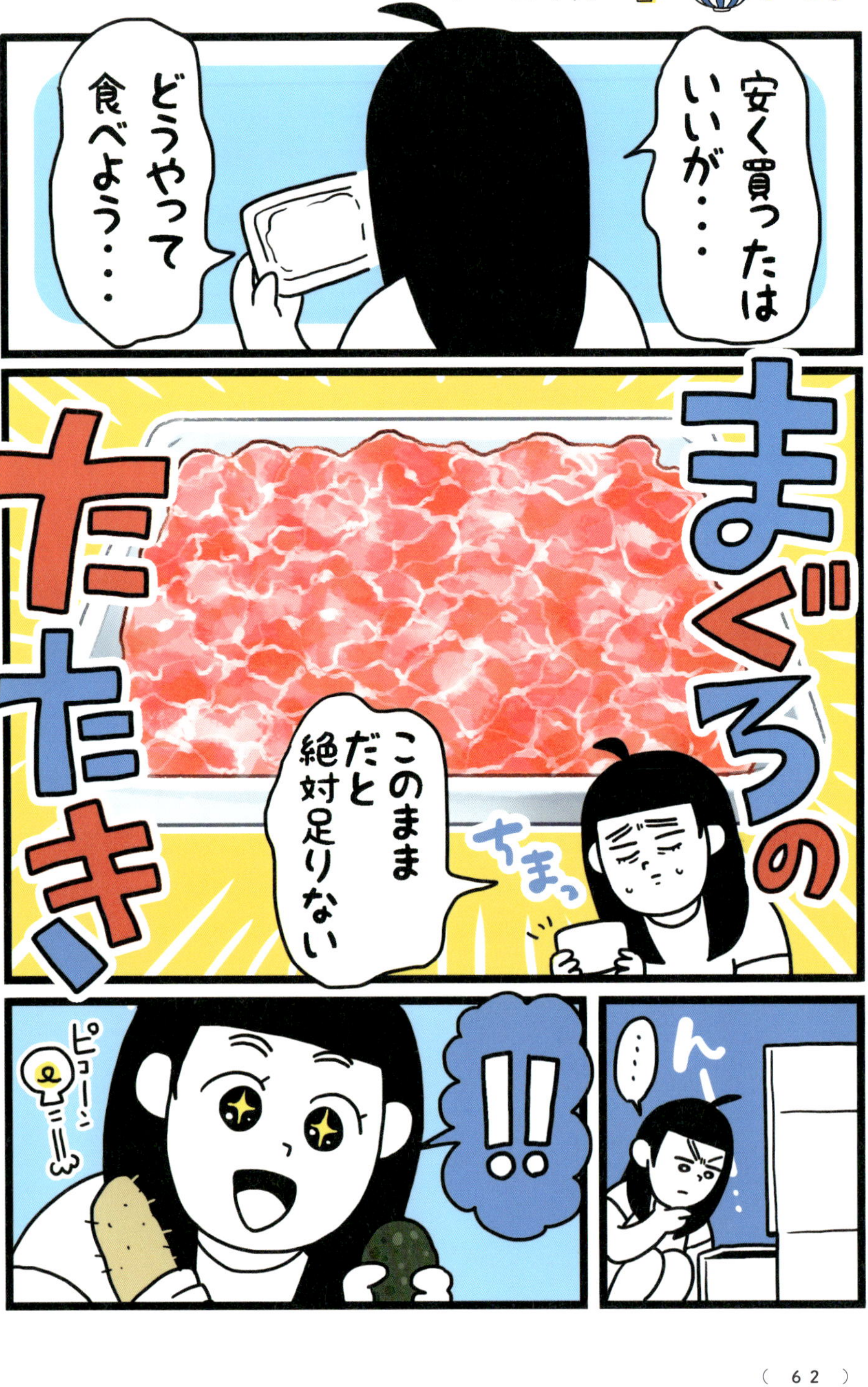
安く買ったはいいが・・・
どうやって食べよう・・・
まぐろのたたき
このままだと絶対足りない
ちまっ
・・・
ん〜
!!
ピコーン

アボカド、長いもを角切りにする
そして このたくあん！
パリッっと
これが
ポイント!!
たくあんを角切りや細切りにする
切り方を変えて食感を変えてみたら面白いよね

ボールにまぐろと切った具材を入れ混ぜる
カチャ
カチャ
ご飯を器に盛り
混ぜ合わせたまぐろのたたきをのせれば
完成！

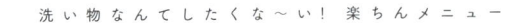

いただきまーす
あっ
醤油忘れた～
ちょろっ
あーん
パク
んっ
ムニッ
コリッ
食感
シャキッ
もぐ
楽しい
私は
またとんでもなく美味しいものを生み出してしまった
自画自賛

トロたく丼

まぐろのたたき　100g
長いも　20g
アボカド　1/2個
たくあん　10g
醤油　適量

TOROTAKU DON

◉13杯目

豆腐のやくみそ丼

ふう〜
草むしりしてきて
疲れた
ん〜でも暑い〜
暑すぎて食欲も
ない・・・
ゴマメはだいじょ
めっちゃ
食ってる
ムシャムシャ
なんか、
その食欲を見てたら
私も・・・
お腹空いてきたな
コロリっと

まず豆腐を準備します
今回使うのは絹ごし！
絹
つるんとした
食感のどごし！
生食に向いてる
木綿
崩れにくい焼き
煮る、揚げるのに
向いてる
つるんっ
カチッ!

ボールに豆腐、味噌、みりん
万能ネギを入れて混ぜる

カチャ
カチャ
かき混ぜてペースト状にする
あとは〜
大葉は細切り、みょうがは輪切りにする
ご飯を器に盛り、上に豆腐ペーストをかけて、その上に鰹節、大葉、みょうがをのせて
完成！

いただきます！
まぜまぜ
へへへ…こういうのはやっぱりれんげだよね
れんげのミニ丼！
ん！豆腐と味噌の相性抜群！
次作るときは揚げ玉とか入れてもいいかもな～
ジィー…
ん？
大好きな大葉の香り
ビターッ
ん…
あ、あげないからね！
チッ

豆腐のやくみそ丼

豆腐　150g
大葉　5枚
みょうが　1本
万能ネギ　1/4本
鰹節　1袋
味噌　大1
みりん　小1

天カスを入れると
食感が面白くなるし
食べごたえも増すよ
天カス

TOFU NO YAKUMISO DON

◉14杯目

かつおのにんにく醤油漬け丼

ただいま〜
お母さん！
かつおの刺身買ってきたから
一緒に食べよ〜！
何か食べたくて買ってきた!!
・・・
え
お母さんも買ってきてるんだ…かつお
何か食べたくなって……
親子である

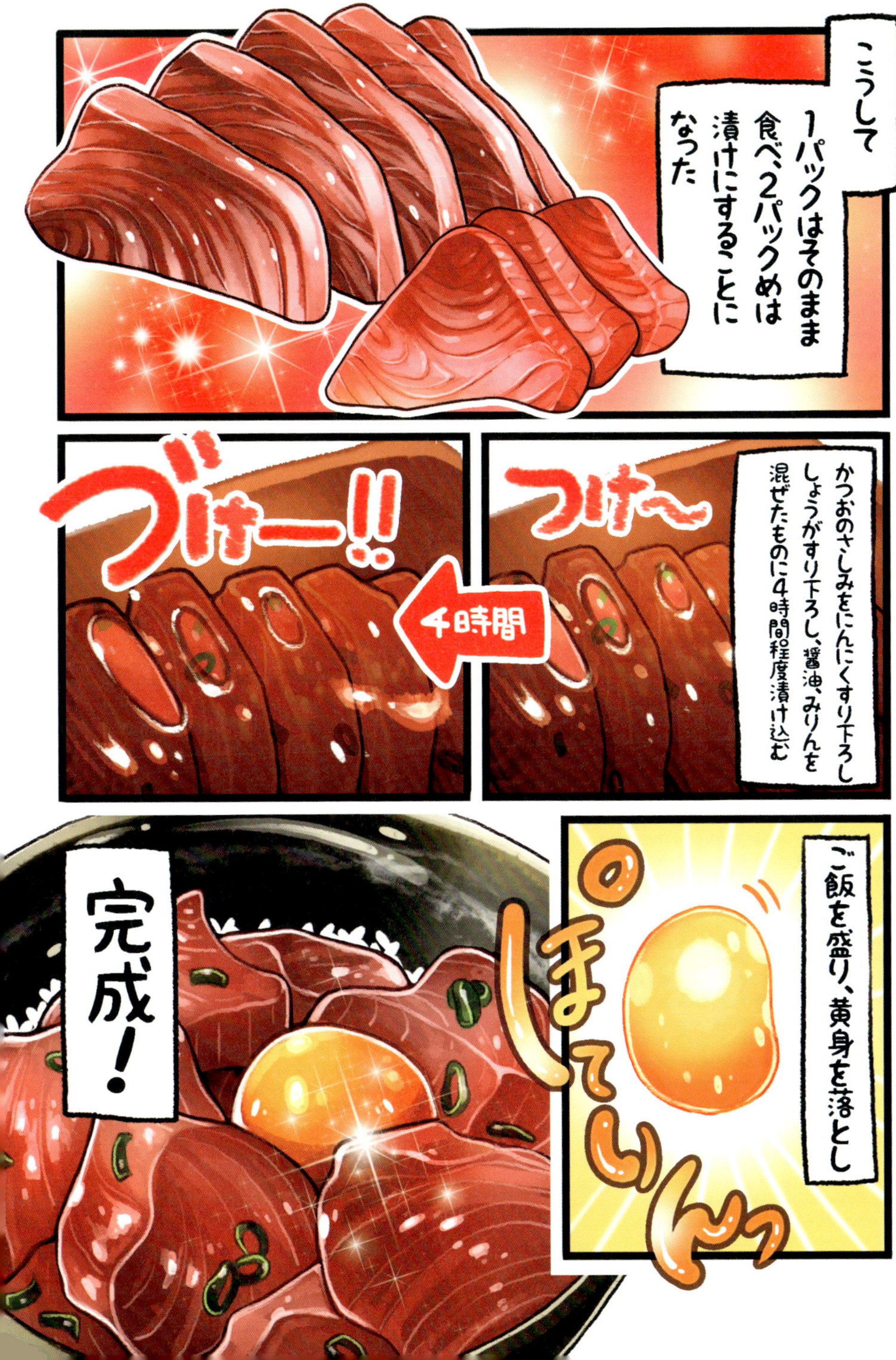
こうして
1パックはそのまま
食べ、2パックめは
漬けにすることに
なった
かつおのさしみをにんにくすり下ろし
しょうがすり下ろし、醤油、みりんを
混ぜたものに4時間程度漬け込む
つけ〜
4時間
づけー!!
ご飯を盛り、黄身を落とし
ぽてぃんっ
完成!

ぷりっ
あ～～んっ
!!
むんぐっ
田んぼごと
米が足りないっ
バクバク
手が止まらないぃぃっ
もってこいっ
思わず拝む…
にんにく醤油のおかげでかつお独特の臭みもなくなってまったりとした味になっておいし～
キッチンペーパーで漬けたかつおの水気をとり片栗粉をつけて油で揚げればかつおの竜田揚げにもなるよ！
カラッ

かつおのにんにく醤油漬け丼

かつおの刺身　100g
(さしみに入ってるネギとかも
一緒に漬けてください!)
醤油　大4
みりん　大3
にんにくすり下ろし　1かけ
しょうがすり下ろし　少量
(なくても可、さしみに入ってる
ものでも可)

こってりした味つけだから
薬味をいれてさっぱりさせて
も美味しいよ

KATSUO NO NINNIKU SYOUYUDUKE DON

我が家の必需品
卵
最低20個はある…
脈々と受け継がれる
卵好きの遺伝子…
冷蔵庫に無いと
すっごく
不安になるの。
呪いか？

杏耶の こんな日、あんな日 ②

買い物に行きたいけど
これらを使い切りたい…
冷蔵庫の中身は・・・・
〜名前のない料理たち〜
くず野菜とひき肉と卵の
冷蔵庫お掃除チャーハン!!
何かと
便利なひき肉の保存法
切れ目をいれて冷凍保存すると
使いたい分をパキッと割って使えるのでオススメ!!

第3章

Dai San syou

アレンジした〜い!
自由自在メニュー

Arrangesita-i!
jiyuujizai
menu

◉15杯目

ロコモコ丼

私の
ずんっっ
ストレス発散は
ハンバーグ作り
叩いて
こね回したい
食パンを細かく
ちぎり牛乳に
浸す
牛乳を浸したパンと
他の材料を混ぜる
手の温かさで温まる前に
素早く混ぜたり成形すると
ジューシーに仕上がります
種を丸めて中身に
とろけるチーズを入れ、
両手で空気を抜くように
行き来させながら丸める
空気を抜く
ように!!

熱したフライパンで焼いていく
じゅっわあっ
両面焼き目をつけたらしめじを投入
石付きを取り手でほぐし入れる！
じゅうううっ
しめじを軽く炒めたら蓋をして中火か弱火で蒸し焼きにする
じゅゅううんっ
その間にソースとケチャップ、溶かしたバターを混ぜ合わせておく
肉汁がほどよく出てきたところで簡単ソースを投入してハンバーグときのこを絡める
ふつふつ

ハンバーグの中心を
竹串で刺して透明な
肉汁が出てきたらオッケー
じゅわぁ…
火を止めて3分程度
余熱で蒸す
その間に付け合わせの
野菜や目玉焼きを
作っておく
バチ…ッ
バチ…
付け合わせとハンバーグを
盛りつけて
完成！
ぷるんっ
パカ……♥
真ん中を割ると
肉汁と
チーズがとろ〜ん
とろぉ

もぐ
もぐ
ああ〜 肉汁でストレスが 洗い流される
いと
うましっ
ポロ
そして、このデミグラはオムライスとかにも使えるんだよね
ふわっ とろぉ〜
次はトマト煮込み風にしてみよ〜
カレーとかドリアとか色んなものにハンバーグが入ってるだけで満足感がすごく増す
レストラン
やばい！ チーズまで入ってるんだけど！
シィー
静かにして！
母

ロコモコ丼

豚ひき肉　150g
たまねぎのみじんぎり　15g
塩とコショウ　適量
食パン　1/2枚
(パン粉でも可)
牛乳　30cc

ケチャップ　大2
ウスターソース　大2
バター　10g

うちに友達が遊びにきた
まんが見せて!!
なんかお腹空いた〜
ぐう〜
もうお昼だもんね〜
では!
ナポリタンでも作ろうかな!
おおっー
イイね!!
ではまず麺を〜
るんっ♪
ガラッ
……
あ…あれー…
麺がない米ならある
ヤ
バイ
ゴメン…
もうなんでもいいわ

トントン
たまねぎを半分に切り薄切りに
しめじは軸を切り手でほぐす
ソーセージは食べやすい
サイズにきる
トトトン
フライパンを熱したら
バターを入れる
そこに玉ねぎを入れ透明に
なるまで炒める
ジュウ〜
たまねぎに火が通ったらしめじ
ソーセージもいれて炒める
じゅあああんっ

全体的に火が通ってきたら塩コショウ、ケチャップ、ウスターソース、砂糖を入れる
なじませて完成
この時にバターを追加するとよりコクがでる
盛りつけて最後にパセリをふりかけ
完成！

いっただっきまーす!!
マス。
もぐ
ん!
合う
この甘めの味付けってなんか喫茶店のやつに似てる〜
そうそう!あれ目指してみました〜!
懐かしい味するわ〜
喫茶店でナポリタン食べた事ないけど
あははっ
何それ〜
なんか…
いつもより美味しい
うん!!
それで
最高の調味料は笑って食べる事だな

ナポリ丼

玉ねぎ　1/2個
ソーセージ　3本
しめじ　1/2個

バター　大1
ケチャップ　大3
ウスターソース　小2
砂糖　ひとつまみ
塩コショウ　適量

パセリ　適量

スパゲティにする時は
トマト缶100gと
塩ひとつまみ追加で
パスタと絡ませてね

NAPOLI DON

◉17杯目

鮭チーズ丼

なんか今朝は
鮭チーズトースト
が食べたい気分♪
サクッ
とろぉ
そうと決まれば
冷蔵庫と相談だ
るん
るん
ズコーッ
そんな…
材料はあるのに
パンがないなんて
でもパンに合うなら…
米にも合うよね!
まぁ同じ
炭水化物
だし!!

ご飯を器に盛り、千切りにしたレタスと玉ねぎをのせて
コーンフレークと鮭フレークをのせる
いっぱいかけてOk!!
鮭
フレーク
その上からマヨネーズととろけるチーズをスライスしたものをのせる
カロリーダブル
600Wのレンジで1分～2分
レタスがしんなりしてチーズがとろけたら終わり
チン!!
粗びきコショウや乾燥パセリをふりかけ
ほかっ
完成!

アツアツのウチに
全体を混ぜて
のび〜〜!!
それを口に
シュートだっ
お米選手
今私の口に
ゴォール
あーんっ
なっつって〜
ハッ
ハッ
やっぱり米にも合うじゃない
チーズのコクと鮭の
塩加減が絶妙にマッチ〜
レタスのシャキシャキ感も
いいな〜
これはいい成功例だ!

鮭チーズ丼

鮭フレーク　大2程度
とろけるチーズ　1枚
コーン　大2〜3程度
マヨネーズ　適量
玉ねぎ　1/6個
レタス　葉1枚程度

SYAKE CHEESE DON

◉18杯目

夏野菜のカレー炒め丼

ダル…
これは…
夏バテ!!
グデ〜〜〜
蘇る2年前の夏
おにぎりだけで
2週間過ごして
栄養失調になってた私
昨日は?
おにぎりを…
2日前は?
おにぎりです
夏は気をつけて
食べ物を摂取していかなきゃ
暑さに負けてしまう…
夏に勝つには
夏野菜だっ

夏野菜
食欲が落ちる夏、暑さによるストレスで失われるビタミンを栄養たっぷりの夏野菜でカバーするのだ！
これらを
もりっ
ひたすら
みじん切りにする
スパパパ
パパパ
数分後…
スパパパ
うわああん フードプロセッサー欲しい！
買え

油をひいたフライパンで
ひき肉を焼き、塩コショウで
下味をつけ、火が通ってきたら
野菜を入れる
じゅううう
火を通しすぎると
べちゃっとするから
軽めで
じゅうう
そしてここで
味付け！
パカッ
野菜にも火が通ってきたら
ケチャップとカレー粉を入れる
じゅああ
あっっ
よっと！
味をなじませる程度
に火を通して
よしっ！

ご飯を盛りつけ そこに具をのせて 完せ
ほかほか
ん？
キュピーン
何か足りない・・・
ピコーン
カロリーが足りない！
にょろ〜ん
マヨネーズとブラックペッパーをかけて完成！

フゥー
フゥー
うん！
スパイシー！
でもマヨネーズで
まろやか～
このガパオライスっぽいのもいいけど
なんと、トマトをいれると
カレーになるのだ！
トマト1つにルー1個をいれて煮てみてね！

夏野菜の
カレー炒め丼

ひき肉（豚肉がオススメ！）　80g
茄子　1/2本
ズッキーニ　1/4本
アスパラガス　1〜2本
パプリカ（赤）　1/4個
パプリカ（黄）　1/4個
※その他にもゴーヤ、カボチャ、トマト、
意外にきゅうりなんかもオススメです！

●カレー粉　小さじ半分程度
●ケチャップ　小2
●塩コショウ　適量
マヨネーズ、粗びきコショウ　適量

NATSUYASAI NO CURRY ITAME DON

海鮮かき揚げ丼

また
散らばるかき揚げ…
失敗してしまった
かき揚げ難易度高すぎる
こんな時はあの方を呼ぶしか無い
揚げ物歴40年・・・
お母゛さぁーんっ
うるさい

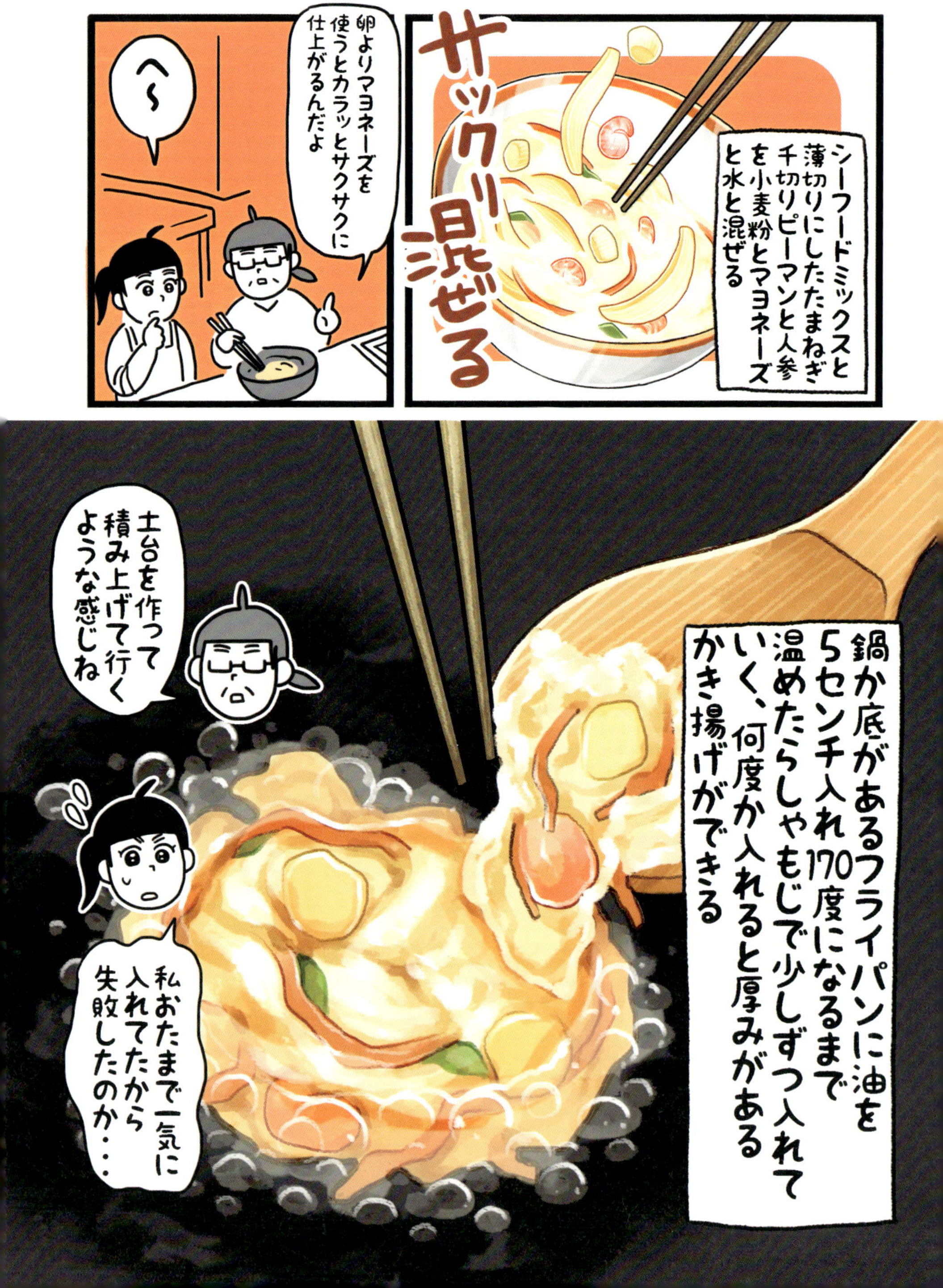
サックリ混ぜる
シーフードミックスと薄切りにしたたまねぎ千切りピーマンと人参を小麦粉とマヨネーズと水と混ぜる
卵よりマヨネーズを使うとカラッとサクサクに仕上がるんだよ
へ～
鍋か底があるフライパンに油を5センチ入れ170度になるまで温めたらしゃもじで少しずつ入れていく、何度か入れると厚みがあるかき揚げができる
土台を作って積み上げて行くような感じね
私おたまで一気に入れてたから失敗したのか・・・

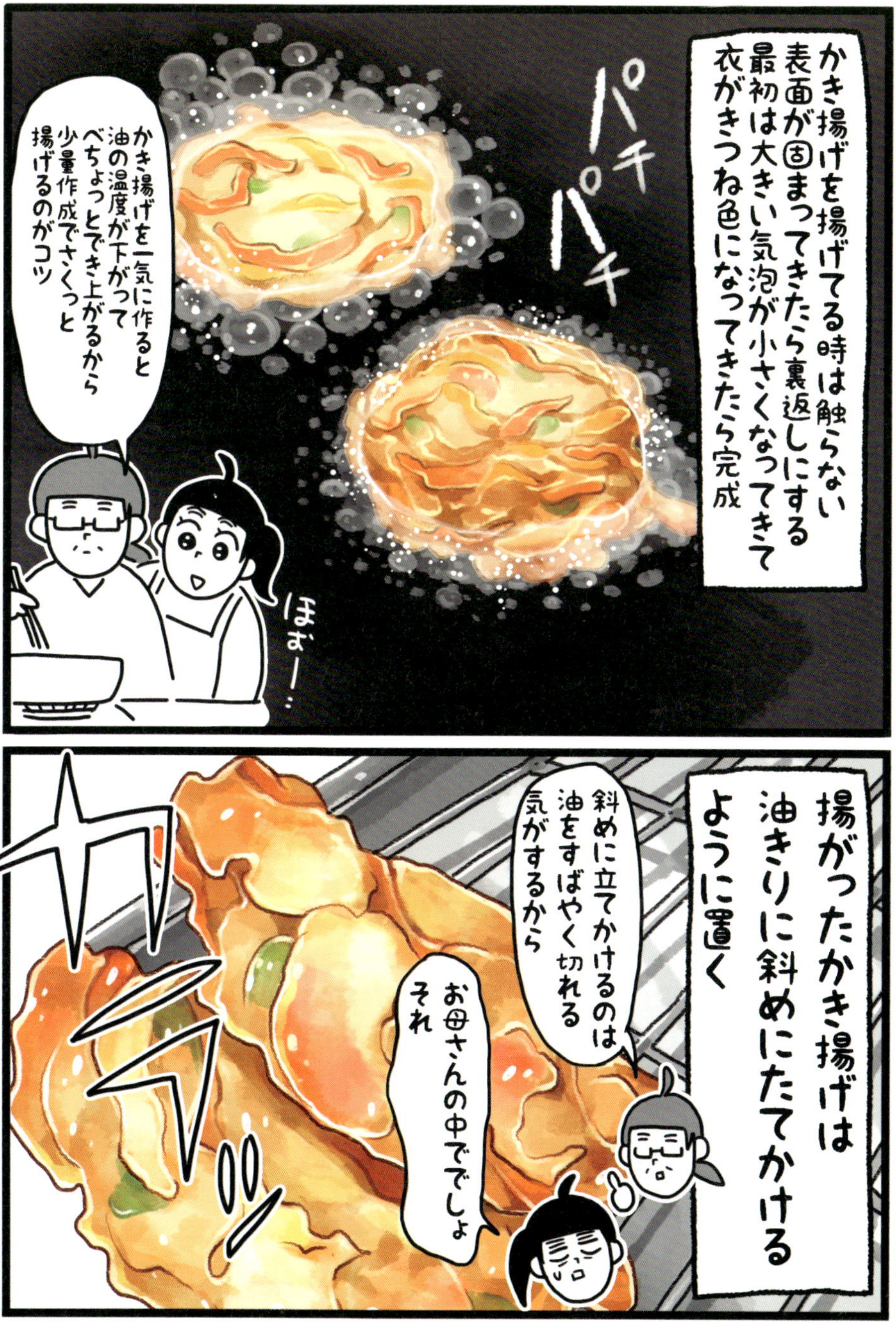
かき揚げを揚げてる時は触らない
表面が固まってきたら裏返しにする
最初は大きい気泡が小さくなってきて
衣がきつね色になってきたら完成
パチパチ
かき揚げを一気に作ると
油の温度が下がって
べちょっとでき上がるから
少量作成でさくっと
揚げるのがコツ
ほぉー…
揚がったかき揚げは
油きりに斜めにたてかける
ように置く
斜めに立てかけるのは
油をすばやく切れる
気がするから
お母さんの中ででしょ
それ

麺つゆにくぐらせ
ご飯の上に置けば
たらーんっ
完成！
サクッ
作り方もわかったしこらー次は大成功ですわ！
またすぐ調子こいて油と火使ってんだから気をつけなさい
うわ～さくさく～
この時あやはまだ気づいていない
翌日、再チャレンジして太ももを火傷することを
あちいいいっ
※かきあげは成功した

海鮮かき揚げ丼

冷凍シーフードミックス　40g
たまねぎ　1/6個
ピーマン　1/3個
にんじん　1/4本
小麦粉　40g
水　20g
マヨネーズ　大2

めんつゆ　適量

シーフードミックスは解凍したら
しっかり水気を切る！
水気を切らないと油がはねちゃうから
ね〜

ぷりんっ
食べたい・・
でも市販のはすぐなくなるサイズ・・・
ちゅるんっ
一吸っ
プリン・・
自分で作るかでっかいの
たくさん食べたい
ルンルン♪

まずはカラメルソースを
作っておく
鍋に砂糖をいれ、
その上から水をいれる、
この時に混ぜない
砂糖に水を染込ませる感覚で
グツ
グヅ
煮詰めると透明↓茶色
になるのでそれまで目を
離さない、茶色になったら
水をいれる
火を止めて液をなじませ
粗熱をとっておく
とろ〜ん
次にプリン液を作る
卵を割り、よく混ぜ
こし器でこす
うちでは
茶こしで
やってます
たら〜!..

次に牛乳を沸騰させ
ないように温める
そこに粉ゼラチンと砂糖を
いれしっかり溶かす
弱火で
コトコト
牛乳の粗熱を人肌まで
とったらプリン液と
バニラエッセンスを
いれて混ぜる
つー…
器にプリン液を
流し込み冷蔵庫で
6時間程度冷やす

プリンが固まったら
カラメルソースや
生クリームを乗せて
たら〜〜り
完成！
カチャッ
スプーン
伝わるこの感触…
プルンッ
パクッ
ああ…
至福
パクパク
パクパク
これは
無限プリンと
呼んでもいいの
では！

丼プリン

卵　2個
牛乳　400cc
砂糖　80g
ゼラチン　5g

生クリーム　50g
ミント　適量

ココアパウダーを溶かして
いれて丼ココアプリンにして
も美味しいのだ♡
ココア

杏耶のこんな日、あんな日 ③

あやのこっそり飯
一人だからできる!!
すぐ食べてすぐ洗えるキッチン直飯!!
行儀悪いよね〜
鍋つかみはいつの間にか
鍋ひきに!!
冷やご飯ととろけるチーズと消味期限切れの牛乳の
リゾット

Darenidemo "パ!"tto Dekiru
DON-MONO
Meikan

第4章

Dai Yon syou

みんなで食べた～い!
広がる「ワ」メニュー

Minna de tabeta-i!
hirogaru
"WA"menu

お好み焼き丼

帰ってきたら玄関前にキャベツ(特大)が2玉置かれていた・・・
ザ・田舎あるある
この状況は珍しくないが問題があった
どうしよう冷蔵庫の中にキャベツ(半額)1玉ある!
そして置いて行ったの誰なんだ・・・
まずは古い方のキャベツを使い切ってしまおう・・・
ザク
ザク
ザク
キャベツ消費にはアレかな〜

ざく切りキャベツに小麦粉、水、長いも豆腐
シャカ
シャカ
卵、粉末だし、めんつゆを混ぜる
熱したフライパンで両面焼く
でろ～ん…
じゅわぁあぁ
じゅゆゆゆゆ
じゅゆゆゆゅ
ゆゆゆっっ
食べる分以外は粗熱をとりラップにくるんで冷凍庫に保存1ケ月は保ちますそのままでも味がついてるのでおやつにもなります
ほかほか

丼にご飯を盛り、そこに生地をのせるお好み焼きソースを生地全体に塗り
とろてんっ
続いてマヨネーズを
にょ〜ん
カラシを混ぜてからしマヨネーズにしても美味しい
そして
目玉焼きをぺろんと隣に
ぺろんちょっ
鰹節と青のりをふりかけ
パラ…パラ…
ふよ
ふよ
完成!

豆腐と長いも入りだから生地はふわふわ普通の生地よりご飯に合うのだ!
ふわっっっ
ふわふわ生地とソースでご飯がすすむ
やはり炭水化物と炭水化物は合うな…
てこ
そうなるとたこ焼き丼もできるのでは!
これなんだ〜
ジャーン!!
恐竜…?
惜しい! 正解はギガノトサウルス!
?
お好み焼き屋に行くといつも絵を描いてしまう

お好み焼き丼

キャベツ　葉2枚
小麦粉　50g
すり下ろし山芋　5センチ程度
絹豆腐(もめん可)　10g
粉末だし　1袋
めんつゆ　一回し
卵　1個
水　大1〜2(ゆるさ調節)

マヨネーズ、ソース、紅ショウガ
青のり、目玉焼きなど　適量

天カス、干しえび
など入れると風味が
増してうんま〜
単品おやつにもなる！

◉22杯目

牡蠣のガーリックバター丼

何度裏切られたって それでも 愛している・・・
パッ
そう・・・ 彼の名前は
牡蠣
がき
茶番終了!!
だから かき丼作る〜
ダッ
まずはかきを水で洗い ぬめりを取る キッチンペーパーで水分を しっかり取る
塩コショウで下味をつけて 片栗粉を両面につける
ここで時間を置いてしまうと片栗粉が 水分を吸ってしまうので 片栗粉をつけたらすぐ焼く
ポンッ ポンッ

油をひいて熱したフライパンで
片面を焼く
じゅううううっ
片面に焼き目がついたら
有塩バターを落として醤油を
回し入れる
じゃあああっ
バターと醤油をかきに絡めるように
焼いていき、弱火にして蓋をする
5分程度蒸し焼きにして
ふっくらしてきたら出来上がり
ぷ
かきを丼にのせて
大葉をちらして
完成！
ほか
ほか

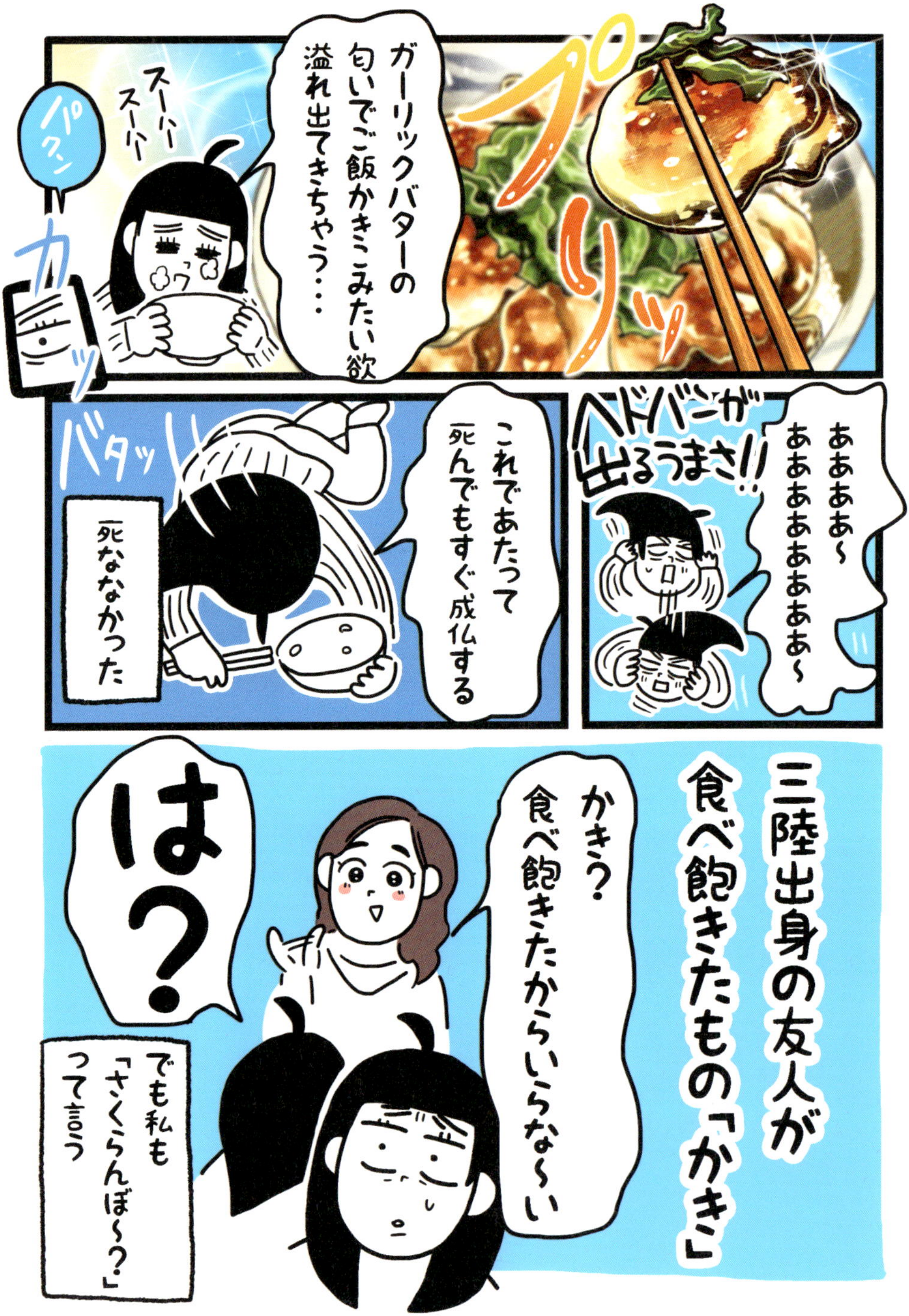
プリッ
ガーリックバターの匂いでご飯かきこみたい欲溢れ出てきちゃう・・・
スーハースーハー
パクン
カッ
ああああ〜ああああああああ〜
ヘドバンが出るうまさ!!
これであたって死んでもすぐ成仏する
バタッ
死ななかった
三陸出身の友人が食べ飽きたもの「かき」
かき？食べ飽きたからいらな〜い
は？
でも私も「さくらんぼ〜？」って言う

牡蠣のガーリックバター丼

レモン汁をかけて食べるのもオススメ！

かき　200g
片栗粉　適量
塩コショウ　適量
バター（有塩、無塩どちらでも可）　10g
醤油　大1
大葉　2枚

KAKI NO GARLIC BUTTER DON

◉23杯目
ネギ塩豚トロ丼

レモン汁、ごま油を入れて
ネギ塩だれを作っておく
※万能ネギを長ネギに代えてもオッケー
じゅうくわん
んじゅうう
豚トロは脂が多いので
油を引かないで焼く
この時に塩コショウをして
下味をつける

焼くと豚トロから余分な
脂が出てくるので
キッチンペーパーで吸う
パチ‥
パチ‥

両面焼き目をつけたら
ネギ塩ダレをいれ軽く炒める
じゅわああ

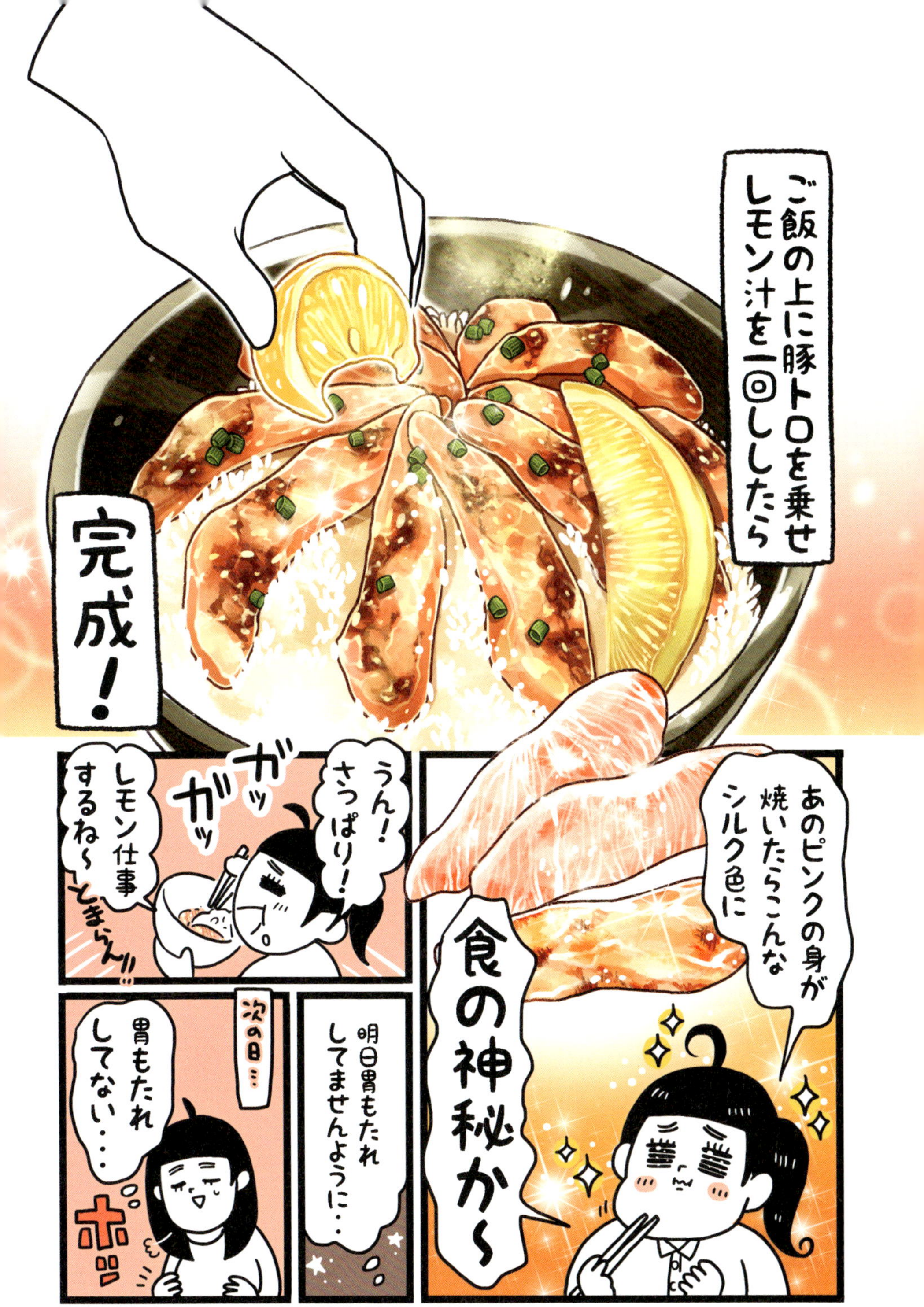

ご飯の上に豚トロを乗せ
レモン汁を一回ししたら
完成!
あのピンクの身が
焼いたらこんな
シルク色に
食の神秘か〜
うん!
さっぱり!
ガッ
ガッ
レモン仕事
するね〜
とまらん!!
明日胃もたれ
してませんように…
次の日…
胃もたれ
してない…
ホッ

ネギ塩豚トロ丼

豚トロ　100g
塩コショウ　少々

万能ネギ　1本
ごま油　小1/2
塩　ひとつまみ
レモン汁　大1

NEGISHIO TONNTORO DON

◉24杯目

ワサビ醤油のステーキ丼

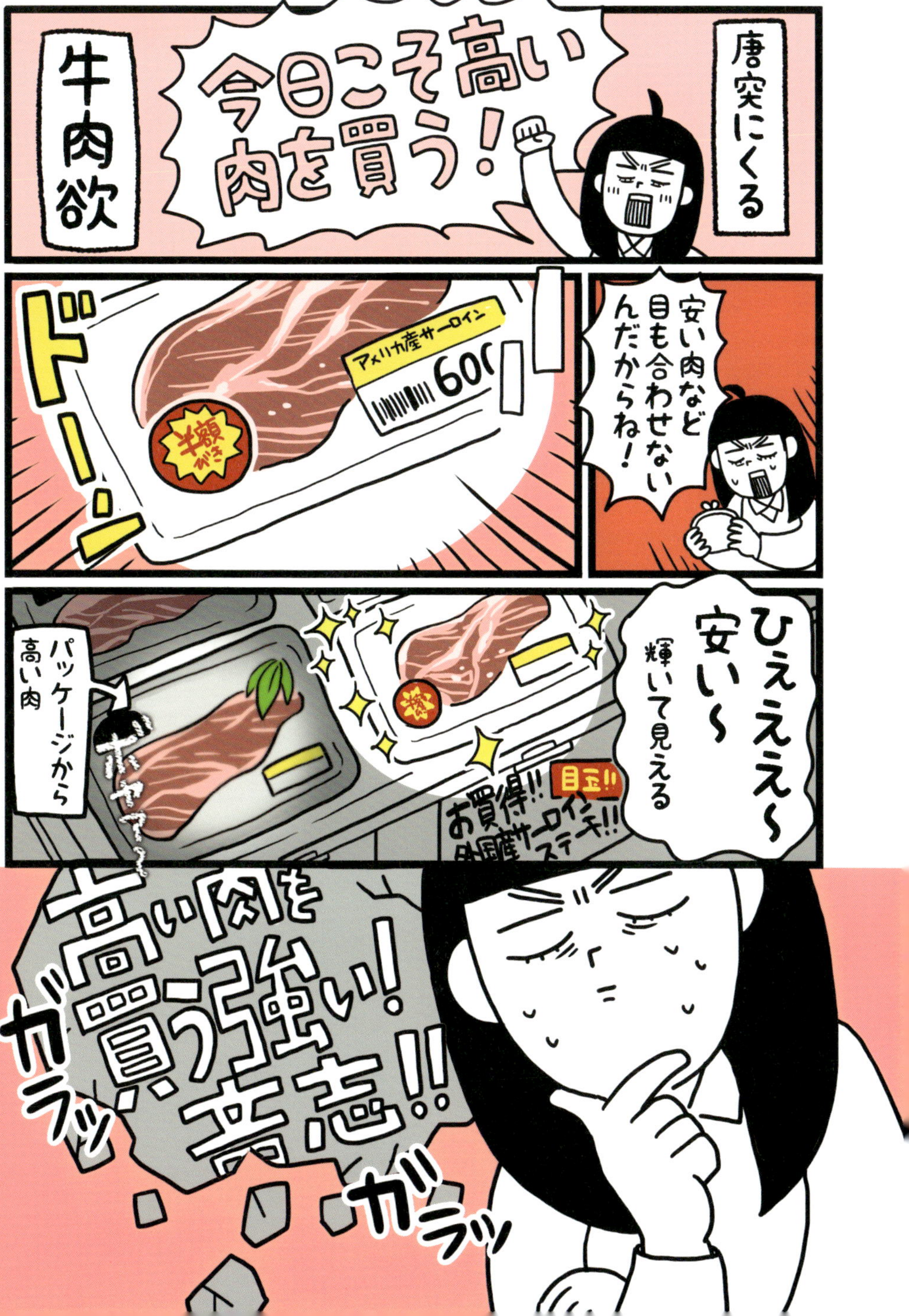

唐突にくる
今日こそ高い肉を買う!
牛肉欲
安い肉など目も合わせないんだからね!
ドーーン
アメリカ産サーロイン
600
半額
ひえええ〜安い〜
輝いて見える
目玉!!
お買得!!
外国産サーロインステーキ!!
パッケージから高い肉
高い肉を買う強い意志!!
ガラッ
ガラッ

私は気づきました
フッ…
安い肉を
うまく料理すればいいんだと
浮いたお金でビール買えるし!!
肉を常温にしておく
塩コショウをふりかけにんにくすり下ろしを塗り下味をつける
包丁の背で肉を叩くフォークで刺してもいい
タンタン
そしてここで秘密兵器！
牛脂！
これがあるとひと味違う！

熱したフライパンに牛脂をいれる
牛脂が無い場合はステーキの脂身でもいいです
ジュアアアア…
片面強火で1分程度焼く
バチ
バチ
じあああっっ
中火にして反対側は焼き目をつける程度に焼く
パチ…
パチ…
一旦火をとめてワサビ醤油を回し入れ余熱で焼く
焼き上がったら食べやすいサイズに切り分ける

バリッ!
野菜の上に肉をのせて
ガッツリ!!
完成!
んあっ
柔らかジューシー
割引とは思えない旨さ!
肉汁と米が合うぇ♥
しかしっ
次こそ和牛のいいやつをつつつ
食べる
最初に戻る

ワサビ醤油の
ステーキ丼

ステーキ肉　150g
塩コショウ　適量
にんにくすり下ろし　5g
牛脂　1個

レタスの葉　2枚程度

醤油　大1
練りワサビ　小1/2

WASABIJYOUYU NO STEAK DON

ハアー
なんか今日は精神的に疲れたな・・
今日はふわふわのオムハヤシ作って早く寝よう・・・
食べて寝るのが一番だが
スーパ
牛丼食ってくベー
またかよー
この間も食ったろ
高校生は元気だなぁ
フッ・・
牛丼か・・・・
うん 牛丼にしよう・・・・
スーパ

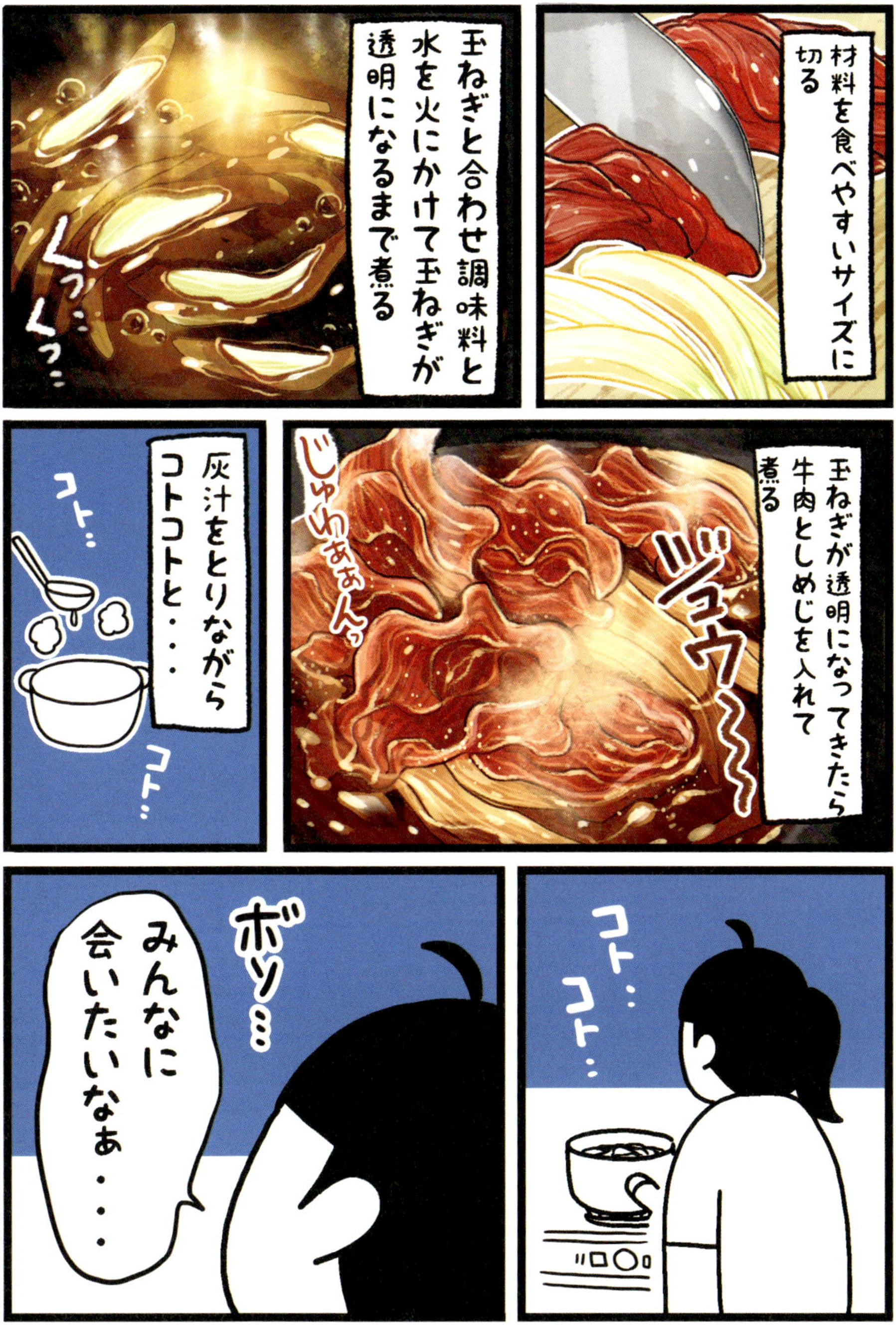
材料を食べやすいサイズに切る
玉ねぎと合わせ調味料と水を火にかけて玉ねぎが透明になるまで煮る
くつ‥くつ‥
玉ねぎが透明になってきたら牛肉としめじを入れて煮る
ジュウ〜〜
じゅわぁぁんっ
灰汁をとりながらコトコトと・・・
コト‥
コト‥
コト‥
コト‥
ボソ…
みんなに会いたいなぁ・・・・

全体に火が通ったら
オッケー！
クツ
クツ
つゆだく!!
とろ〜ん
ご飯を盛ったら
具と汁をたっぷりと
のせる
紅ショウガを
のせて
完成！

いただきます
もぐ…
もぐ…
卵は絶対必要だから!!
好きだねぇ〜
あ!
温卵をすっかり忘れてた
ひょいっ
ぽてぇんっ
とろおぉ!
ん〜ふふふ

食べたらなんか落ち着いてきたな・・・
ポロン!!
!
部活メン(5)
夏集ろうよ!!!!
いつごろー??
明日からまた頑張れる
学生時代の胃袋の異次元さ・・・
ラーメン食べて
んまっ!!
パフェ食べて
んまー!っ
家で晩飯も食べる
んまい!!
おかわり!!
GGGG

牛丼

牛肉　100g
たまねぎ　1/3個
きのこ　1/2株
水　150cc
酒　大1
醤油　大2
めんつゆ　小2
砂糖　大1
みりん　大1
紅ショウガや温泉卵お好みで！

すり下ろし長いもを
かけてツルっと食べるのも
オススメ〜

◉26杯目

そぼろ丼

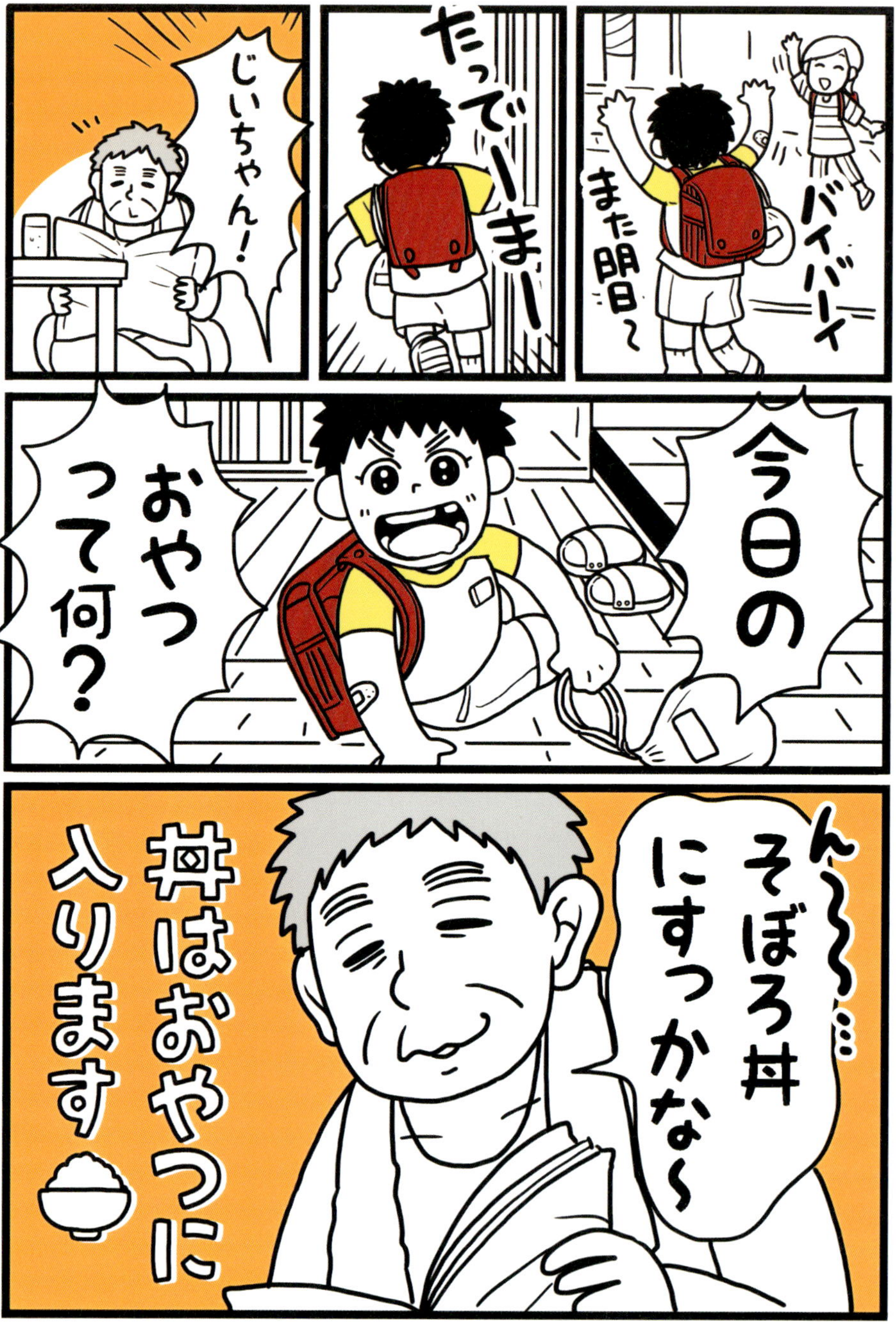

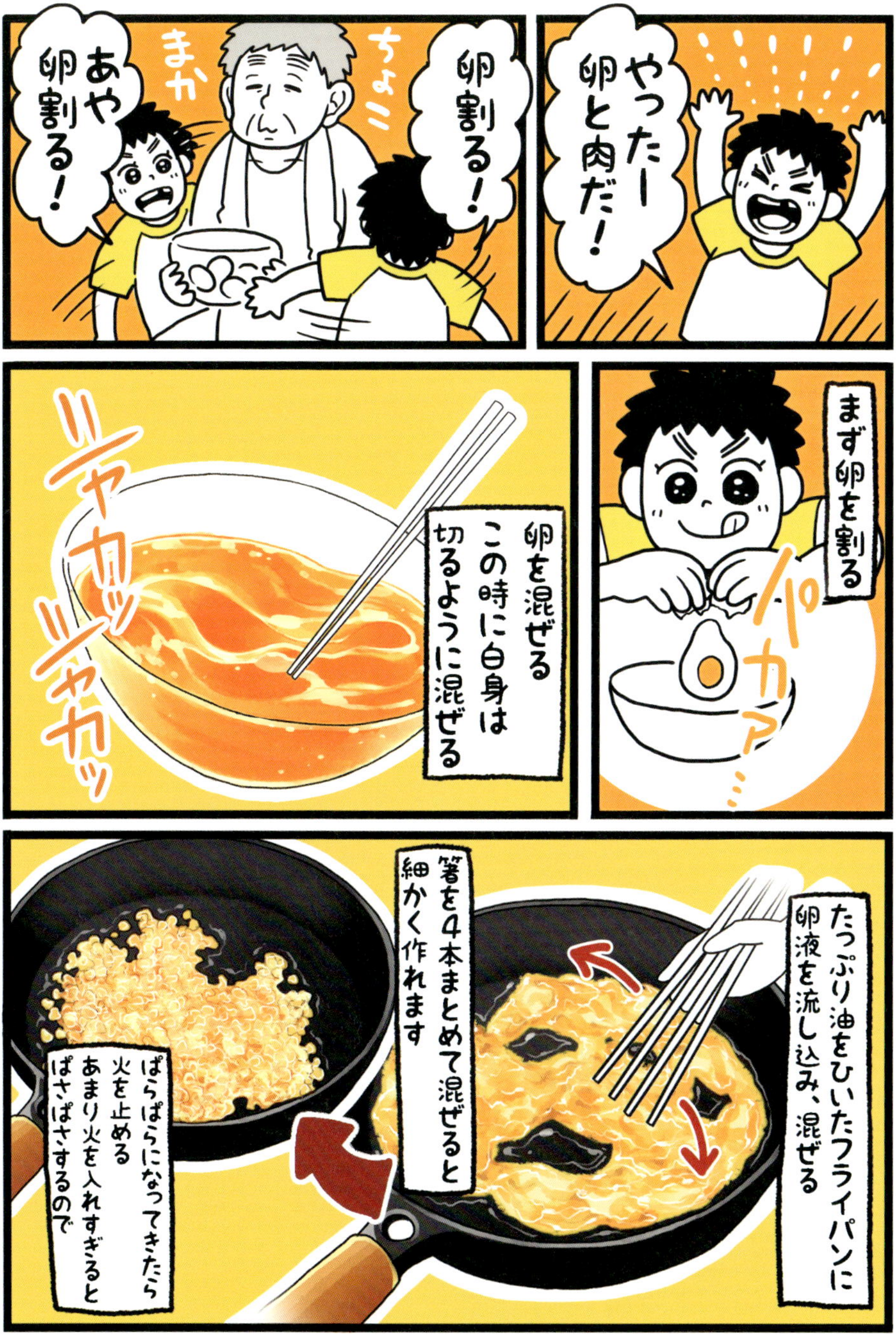
やったー
卵と肉だ！
卵割る！
ちょこ
まか
あや
卵割る！
まず卵を割る
パカァ…
卵を混ぜる
この時に白身は
切るように混ぜる
シャカッ
シャカッ
たっぷり油をひいたフライパンに
卵液を流し込み、混ぜる
箸を４本まとめて混ぜると
細かく作れます
ぱらぱらになってきたら
火を止める
あまり火を入れすぎると
ぱさぱさするので

卵そぼろは違う器にうつし
フライパンに残ったカスをキッチンペーパーで拭き取る
油をひいたフライパンにひき肉を入れて弱火で炒めていく
そぼろになってきたら合わせ調味料を入れて煮詰める
器にごはんを盛りつけ片方にそぼろを
ほろ
ほろ
ふわっ
片方に卵そぼろを入れ、
最後にあおのりをふりかけて
完成！

いっただきまーす！
うん！じいちゃんのそぼろ大好き！ずっと食べてられる〜！
・・・・・
作り方がわかったべ？
うん
したらじいちゃんの味真似してみろ〜
じいちゃんのそぼろはあやのそぼろになるからずっと食べれるようになんだぞ
とまぁ思い出しながら作ってみた・・・・
いただきます・・・
んっ
うん・・・本当だね
この間さそぼろ丼をね
あやとじいちゃんの味だ

そぼろ丼

鶏ひき肉　80g
砂糖　小2
みりん　小1
醤油　小1
すり下ろししょうが　適量

卵　1個
塩　適量

SOBORO DON

杏耶の こんな日、あんな日 ④

下校は空腹のピーク!!!!
みんなで行きたいッ!
買い食い行脚
①コンビニ
からあげ棒、肉まん
おでん、1ℓパックジュース
おにぎり…etc…
②ラーメン
学生限定
ワンコインラーメン!!
ありがたーいッ!
しょうゆラ…
しおラーメン
チャーシュー丼
③ハンバーガー
100円
ハンバーガー

あとがき

私の好物は白米です。
そして白米に合うものが大好きです。
白米が主役、おかずは主役を着飾るドレスなんです！
おかずをいつもの皿にのせるのではなく白米にのせる、それだけで丼になります。

今回ド丼パ！を描き始めたのは2016年1月4日お正月で冷蔵庫は空。雪が積もってて外にも出たくない、冷蔵庫にあるのは卵と調味料程度。そして白米。
いつものように卵かけご飯を食べ、それから暇だから何か描こうか・・・「ああこの卵かけご飯とか丼もの好きだから描いたら楽しいかな～」と思いなんとなく描き始めTwitterに投稿したのが始まりです。

私は食べるのが好きです、一人で食べるのも好きです、でもその何倍も人とご飯を食べるのが好きです。一緒に食べる事でその人の事を知れるし距離が近くなる、好きな人と

食べるご飯ほど美味しいものはないし、自分が作ったご飯を好きな人が食べ「美味しい」と言ってもらえるほど幸せな事はないと思います。

人と人との絆を繋いでくれる食。それを今回色んな丼を公開してたくさんの方に作っていただき担当さんから声をかけられ今回本にすることができ強く実感することができました。

食べる事は楽しい！　作るのも楽しい！　作らなくても見てるだけで楽しい！　「食」って楽しい！　それを少しでも皆さんと共有できたらいいなと思いながら書き下ろしを描いてたり前の作品を書き直ししてました。

少しでも楽しめていただけたならば幸いです。

いつも支えてくれてる家族、愛兎のゴマメ、元気をくれる友達、声をかけていただいた担当さん、素敵な表紙と作品にしていただいたデザイナーさん、この本を作るのに力を貸してくださった皆さん、ありがとうございました！

杏耶

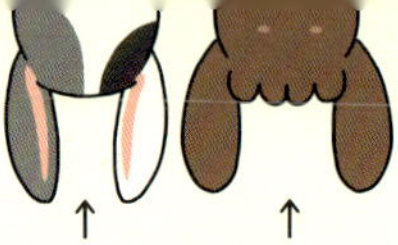

Printed in Japan
ISBN 978-4-7580-0922-5

2016年10月5日　初版発行

著者　杏耶

企画・編集　池田由紀
発行人　原田　修
編集人　井熊勝博
発行所　株式会社一迅社
〒160-0022
東京都新宿区新宿2-5-10
成信ビル8F
［編集部］☎03-5312-6131
［販売部］☎03-5312-6150

装幀・デザイン　コードデザインスタジオ
印刷・製本　大日本印刷株式会社